我们一起解决问题

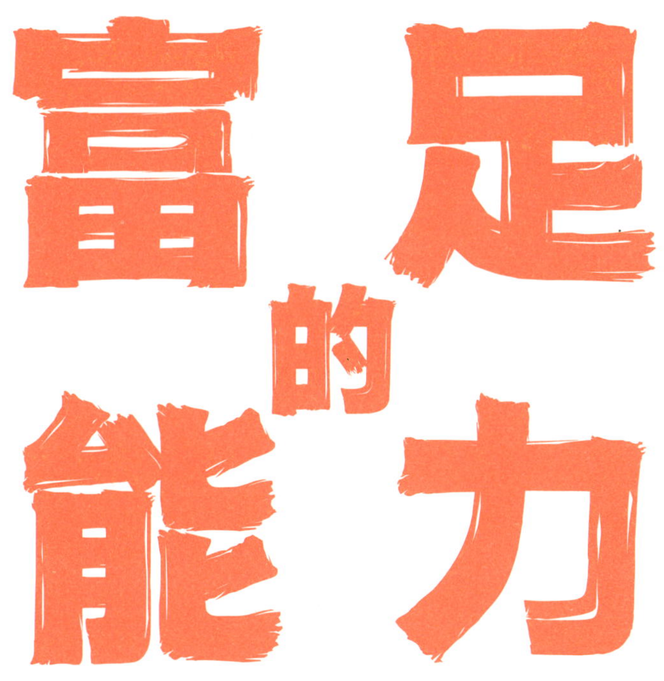

做好三件事，战胜财富焦虑

书签客◎著

人民邮电出版社
北京

图书在版编目（CIP）数据

富足的能力 : 做好三件事，战胜财富焦虑 / 书签客著. -- 北京 : 人民邮电出版社, 2023.5
ISBN 978-7-115-61636-4

Ⅰ. ①富… Ⅱ. ①书… Ⅲ. ①投资－基本知识 Ⅳ. ①F830.59

中国国家版本馆CIP数据核字(2023)第067923号

内容提要

对于大多数人来说，理想的生活状态就是没有财富焦虑，富足地过好一生。要想使自己过上这样的生活，我们不能只靠空想，而是要靠踏踏实实的行动和努力。

本书作者在开篇便提出，普通人要想摆脱财富焦虑，最重要的是做好三件事，即学会攒钱、学会开源、学会投资。接下来，作者又具体介绍了普通人攒钱的五个步骤，发挥个人价值、拓展副业赚钱的三种模式，以及投资理财的基础知识和工具。最后，本书还介绍了如何通过合理的资产配置，让自己积累的财富保值增值。

本书可以帮助收入不高、积累不多的年轻人建立积极的财富观，依靠自己的智慧和实干，稳稳地积累财富，过上富足的生活。

◆ 著 书签客
责任编辑 王飞龙
责任印制 彭志环
◆ 人民邮电出版社出版发行 北京市丰台区成寿寺路 11 号
邮编 100164 电子邮件 315@ptpress.com.cn
网址 https://www.ptpress.com.cn
三河市中晟雅豪印务有限公司印刷
◆ 开本：880×1230 1/32
印张：6.875 2023 年 5 月第 1 版
字数：200 千字 2023 年 5 月河北第 1 次印刷

定 价：59.80 元

读者服务热线：（010）81055656 印装质量热线：（010）81055316
反盗版热线：（010）81055315
广告经营许可证：京东市监广登字20170147号

前　言

大家好，我是书签客。

这是我的第三本理财书——《富足的能力》。

无论是月入三千还是月入三万，对于财富的焦虑，相信很多人都有过体会。但我在这里想说的是：焦虑不会让我们变得更富有，甚至有时拥有更多财富也没法缓解我们的焦虑。

作为普通人，只有踏踏实实地做好我在这本书里教给大家的三件事——攒钱、开源、投资，才能真正拥有富足的能力，过上没有财富焦虑的生活：不再为生计过分操劳，更不用每天靠出售自己的时间来换取生活费，而是有更好、更从容的心态活出自己想要的样子。这种心灵的富足才是每个人需要拥有的，我甚至认为它比财富本身更重要。

因此，有别于之前的理财书《手把手教你买基金》，我在新书里主要讲了三部分内容，那就是普通人应该如何攒钱、开源和投资。要知道，投资理财虽然重要，但是在全球经济下行压力加大的时候，如何攒钱、如何开源也是我们每个人必须掌握的生存技能。财商，这个大部分人都没有在学校里学习的知识，我们需要在生活中不断积累和提高。

虽然是三个部分，但是它们之间是紧密相连、环环相扣的。

在如何攒钱这个部分，我介绍了很多攒钱的小技巧、公式和思路，可以帮助你更好地把钱存下来，增加你生活的自信心。对于这些方法，读者可以拿来直接使用，这也延续了《手把手教你买基金》的风格，那就是接地气、可实践。同时，在如何攒钱这个部分，我还给大家展示了现在的年轻人在攒钱方面究竟有多拼，相信这些翔实的数据一定会让你在攒钱的过程中有更加充足的动力。另外，我还在这一部分介绍了一些借助互联网来攒钱的工具，以便读者可以充分发挥那些在手机里已经“生锈”的App、小程序的真正价值，让它们帮你一起攒钱。

如何开源这个部分的内容是我写得最用心的。但需要说明的是，每个人的教育背景和能力水平不一样，我没办法具体告诉大家在哪些领域创业能够实现财富自由。但是我从反面的角度，介绍了那些所谓的“赚钱”项目都有哪些“坑”，同时也给出了一些开源的方法和思路。无论你是打工还是创业，都需要把自己具有的、独一无二的人力资产优势和特质发挥到极致，并且需要从一生的维度来看待它。想想看，如果你把自己当成一家企业，你想如何经营它呢？

在如何投资这个部分，我把这些年总结的基金投资的理念和技巧进行了升级迭代，削减了对基金投资基本概念的介绍，更多介绍的是基金投资的系统方法和长期愿景。在这个部分，我要讲的问题主要是：投资理财到底是怎么赚钱的，以及如何才能赚到钱。在投资过程中，我们只有以终为始，才能真正有机会实现自己的目标。那些具体的技巧固然重要，但是我们也要拉长时间周期，把宏观目标和具体的技巧、工具结合在一起。

在如何投资这部分内容里，我还着重介绍了资产配置。这个主题其实很重要，因为它会把单个基金投资的技巧升级为搭建一个人或者一个家庭整体的投资理财体系。毕竟短时间内在一只基金或者股票上盈利并不是特别难，难的是能够给自己搭建一个投资体系，实现长期盈利。

从撰写《手把手教你买基金》时起，我就在思考一个问题：如何把理财的知识和理念，更通俗易懂地分享给大家。其间也有很多读者通过各种方式联系到我，让我对他们的投资情况给出建议。慢慢地，我发现，很多理念大家都懂，但是真正实操的时候，却和当初想的相去甚远。

这也是为何在这本新书里，我不但介绍了很多技巧、工具和直接可用的公式，还希望大家能够从赚钱的短期目标里跳脱出来，放下财富焦虑，从整个人生的维度来看待财富、看待我们的生活。毕竟，投资理财只是我们生活的一小部分，它不能也不应该左右我们的生活。

见识、认知和财富都是我们需要的，但很显然，见识和认知的重要性要远远大于财富。从容的生活是我想要的，也希望每个人都能拥有这样的状态。

最后，感谢我的家人在我写这本书的时候给我的鼓励和肯定，感谢马涵、茜茜和朵朵，你们是我的挚爱。

目　录

第三章　如何开源——副业赚钱并不难

第四章　投资——让钱为你去赚钱

第五章 家庭资产如何进行配置

第六章 你关心的几个问题

战胜财富焦虑，你只需做好三件事

一、第一件事：学会攒钱

关于攒钱这件事，巴菲特曾经说过一句大实话："如果你没有很好的家庭背景，那么要想积累财富，前期只能靠攒钱，后期才能靠赚钱。"赚钱属于开源，攒钱属于节流，二者都能让我们积累一定的财富。但是对于大多数人来说，如果暂时没有更多渠道去开源赚钱，那么攒钱作为节流的主要方式，就是最务实的理财方式。

（一）财富积累与人生的稳定感

拥有大量财富也许不是人生幸福的必要条件，但是拥有基本的财富确实可以让很多普通人减少对生活的担忧。2005 年，一些社会学家曾经在德国做过一项研究，希望看看普通人和富人对同样的事情，各自会有多高的担忧程度（见表 1-1）。

表 1-1　普通人和富人对工作和生活的态度

序号	类别	普通人占比	富人占比
1	非常担忧自己的财务状况	24.5%	6.4%

（续表）

序号	类别	普通人占比	富人占比
2	完全不担忧自身的财务状况	26.7%	54.3%
3	非常担心工作的稳定性	22.7%	4.8%
4	完全不担心工作的稳定性	39.4%	59.7%
5	非常担忧自己的健康状况	22.8%	10.2%
6	对未来总体感到乐观	60.1%	76.4%

通过表 1-1 所示的数据我们可以看到，在发达国家，普通的德国民众对于自己的财务状况、工作稳定性和未来期望都远远不如富人那么乐观。

当然，钱不是万能的，但是拥有一定的财富积累，确实可以解决我们生活中的很多问题和苦恼。

我们再来看另外一个例子。美国研究人员曾经对数百名富人进行过一个调查，用 1 到 5 分来衡量他们对整体生活状态的满意程度，调查结果显示：对生活不满意的受访者，年收入中位数是 20.3 万美元；对生活比较满意的受访者，年收入中位数是 30.7 万美元；满意度最高的受访者，积累的财富价值为 138 万美元。

因此，作为普通人，我们要做的就是尽自己的努力，去稳稳地积累财富。这样做，不但是为了自己的成就感，更是为了自己和家人的幸福。

（二）财富积累的三个层次

关于财富，查理·芒格说过一段话："走到人生的某个阶段时，我决心要成为一个富有之人。这并不是爱钱的缘故，而是为了追求那种独立自主的感觉。我喜欢能够自由地说出自己的想法，而不是受到他人的左右。"

马斯洛的需求理论把人的需求从低到高分为：生理需求、安全需求、社交需求、尊重需求和自我实现需求。仔细看看这五层需求，我们会发现其实这些需求能否实现，与每个人的财富积累有着非常大的关系。

我们经常说经济基础决定上层建筑，每一层需求的满足其实都需要一定的财富来作为支撑和阶梯。如果我们把马斯洛的需求理论和财富积累的层次进行归类和总结，会发现每个人一生的财富积累可以归结为三个层次。

第一层是人们需要获得基本生活必需品以及安全感，这一层对应的就是打好财富基础。

第二层是人们需要获得社会的认可和对个人价值的肯定，这一层对应的就是取得财富独立。

第三层是人们需要梦想和自我实现，这一层对应的就是获得财富自由。

1. 打好财富基础

打好财富基础，指的是我们的经济能力可以满足对基本生活必需品和安全感的需求。经济学家曼昆在《经济学原理》这本书里提出过一个经典的问题，即人们要想明白自己的各种需求，哪些是“需要”，哪些是“想要”。

“需要”对应的是我们每个人生存的必需品，比如基本的食物、水和住处；而“想要”对应的则是饕餮盛宴、名贵跑车、奢侈箱包以及豪华别墅。无论是“需要”还是“想要”，要想实现，都需要有一定的财富基础。没有基本的经济支持，我们就有可能吃不饱、穿不暖、没有栖身的空间，生命安全得不到保障。因此，满足我们对于基本生活必需品和安全感的需求，是每个人打好财富基础的关键目标。

好在大部分人只要通过努力工作，都可以实现这第一层的目标。在此之上，我们可以开始追求自我价值的实现甚至是更高阶段的人生理想。

在满足这一层需求的具体金额上，我们需要根据自己生活的不同城市来具体分析。比如，你生活在北京，根据北京市政府公布的数据，2021 年北京市全市居民人均年度可支配收入为 75002 元，平均每月大约为 6250 元。

这对于在一线城市打拼的年轻人来讲，努努力是有可能实现的。

2. 取得财富独立

在这个层次上，财富积累的目标是取得社会认可与对个人价值的肯定。一个普通人的一生，很有可能是这样的：

父母挣钱养育孩子→孩子努力学习考上大学→孩子找到一份工作→孩子努力赚钱→孩子结婚生子→孩子再去培养下一代。

在这个过程中，我们在不同程度上也会实现个人价值、获得社会认可。

在青少年时期，大家对学生的评价主要是基于学习成绩。孩子努力学习，凭借较好的成绩上个好大学，为之后找到自己满意的工作打下基础。

在成年时期，大家比较关注的是有稳定的工作和工资收入、五险一金，未来发展路径清晰。

然而这一路"升级打怪"并不轻松，虽然赚的越来越多，但开销也会越来越大。能否实现财富的稳定增长，是我们为父母、自己、子女营造良好生活的关键，也是进入财富积累第三层的敲门砖。如果说取得财富独立对应的就是中等收入家庭，那么2019年年初，国家统计局给出了我国"中等收入群体"的测算标准。以一家三口为例，如果一家人的年收入在10万～50万元，则表示这样的家庭为"中等收入家庭"。当然这个标准是针对全国的，具体到一线城市或者三线城市，收入金额会有所不同。

3. 实现财富自由

在这个层次上，财富积累的目标是满足梦想与自我实现的需求。在现实中，能够达到这个财富积累阶段的人并不多，但是这不妨碍我们为实现财富自由这一目标而奋斗。2021年，胡润研究院发布了

《2021 胡润财富自由门槛》报告。报告将财富自由分为入门级、中级、高级和国际级（见表 1-2），并细分到中国的一线、二线、三线城市。“胡润财富自由门槛”主要考虑常住房、金融投资和家庭税后年收入。所以并不是说每个人都需要资产上亿才算实现财富自由，它和你生活的城市、持有的房产、收入等综合指标相关。

表 1-2　2021 年胡润财富自由门槛

	财富自由门槛（万元）	常住房（平方米）	第二住房（平方米）	汽车（辆）	家庭税后年收入（万元）
入门级	三线城市：600	120	—	2	三线城市：20
	二线城市：1200				二线城市：40
	一线城市：1900				一线城市：60
中级	三线城市：1500	250	200	2	三线城市：50
	二线城市：4100				二线城市：100
	一线城市：6500				一线城市：150
高级	三线城市：6900	400	300	4	三线城市：250
	二线城市：12000				二线城市：400
	一线城市：19000				一线城市：650
国际级	35000	600	400×3 套	4	1000

资料来源：胡润研究院

那么现在的你处在财富积累的哪个层次上呢？

当然，无论你现在积累的财富有多少，我们都需要认清一个现实：财富自由，我们要的是自由，而不仅仅是财富，财富只是一种工具。我们要的自由，本质上就是时间上的自主权。

> 所以，我们之所以追求财富自由，说得更精准一点就是：个人不再为了满足生活需要而出售自己的时间。

（三）当代年轻人攒钱大调查

赚钱不多，花钱不少，这或许是当代年轻人的真实现状。毕竟在当下，“卷”不动的时候，很多人也想要“躺平”一下。这也就给超前消费、及时行乐带来了很好的理由。但是，有没有哪个时刻让你忽然下定决心，要开始攒钱了？

人生每个阶段都会面临不同的问题，也需要负担不同规模的支出——可能来自一场家人的重病，也可能是为了和你喜欢的人结婚，甚至来自你的买房计划。但是在众多理由当中，“安全感”是出现最多的词汇。钱虽然无法解决全部问题，但是能给你带来基础的安全感。那么为了获得这份安全感，年轻人是如何攒钱的呢？到底攒了多少钱呢？

不同收入的人，对自己攒钱的看法各不相同。《2022年年轻人攒钱报告》向我们展示了当代中国年轻人的攒钱理念。

直观来看，年轻人对自己的财务状况往往不满意。最关键的影响因素是收入的高低：在月收入 5000 元以下的人群中，认为自己财务情况比较糟糕的人占比达到了 31.2%。收入越高，人们对自己的财务状况越满意。但是即使月收入 3 万元以上，还有 8.5% 的人认为自己的财务状况很糟糕，同时有 30.4% 的人认为自己的财务状况勉强及格。

再从行业来看，对自己财务状况最满意的是金融行业从业者、公务员、自由职业者，很意外，互联网从业人员不在前三名。当然，自由职业者这个群体也比较割裂，在最不满意自己财务状况的行业中，自由职业者的占比甚至也拿了第一。

那么年轻人有没有攒钱意识呢？

调查显示，超过九成的年轻人表示平时有攒钱的习惯。细分下来，有 39.4% 的人每个月都会攒钱，还有 45.9% 的人随缘攒钱。

当然，也有很多目标坚定的人会想尽一切办法攒钱，这样的年轻人占比在 6.9%。

那么年轻人每个月存钱金额占收入的比重是多少呢？调查显示，有接近三成的年轻人会把月收入的 30% ~ 50% 积攒下来，还有 27.1% 的人能把 10% ~ 30% 的收入攒下来。也就是说攒下 30% 的收入是一个相对普遍的水平（见图 1-1）。

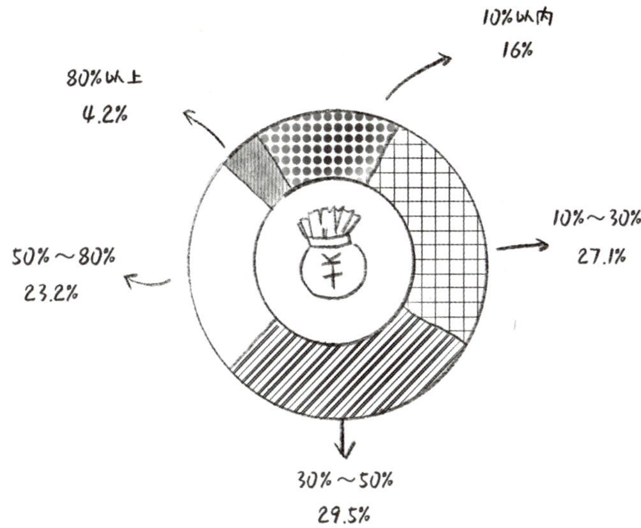

资料来源：《2022 年年轻人攒钱报告》

图 1-1　每月存款金额占收入的比例

当然，也有很多令人钦佩的人，有 4.2% 的人每个月把 80% 以上的收入存起来，我想可能这样的年轻人家底比较厚、目标明确、有非常好的意志力，没有房贷、车贷的压力吧。

那么目前年轻人有多少存款呢？调查数据显示，存款金额在 1 万～ 50 万元的年轻人是主力军，分布也比较均匀。也就是说，算上无存款或存款不到 1 万元的人，大部分人的存款在 50 万元以内，在被调查人群中的占比超过 85%（见图 1-2）。

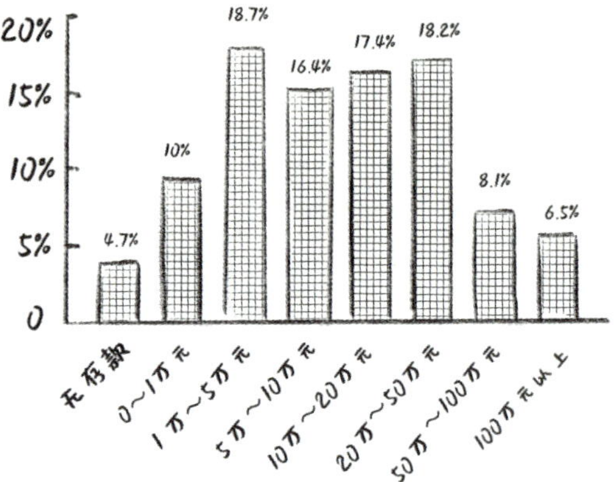

资料来源：《2022 年年轻人攒钱报告》

图 1-2　年轻人存款情况

那么到底是什么原因让大家鼓起勇气使劲儿攒钱呢？调查数据显示，年轻人攒钱的三大原因分别是抵御突发风险、实现财富自由和买房。当然，还有 27% 的年轻人就是单纯地喜欢攒钱（见图 1-3）。就像书签客说的：钱是人胆，攒钱能够给自己的生活增加底气，何乐而不为呢？

那么辛苦攒下来的钱，放在哪里最合适呢？调查发现，银行活期、定期存款是大部分人的首选。当然，还有六成左右的年轻人也会选择基金投资或者放在余额宝 / 零钱通，选择风险相对比较高的股票投资的年轻人占比次之（见图 1-4）。由此可见，年轻人在存钱方面更看重稳定性和安全性。攒钱很重要，用靠谱的方式进行理财更重要。

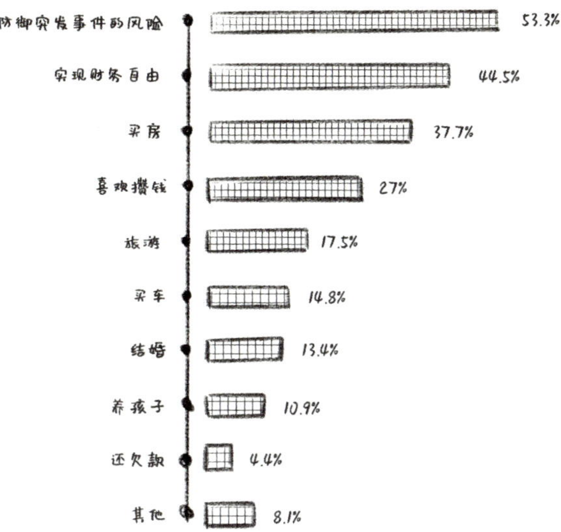

资料来源：《2022 年年轻人攒钱报告》

图 1-3 年轻人攒钱的原因

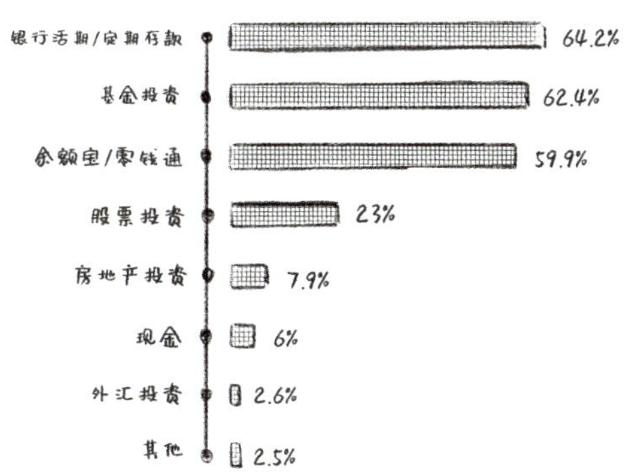

资料来源：《2022 年年轻人攒钱报告》

图 1-4 不同的投资理财方式

那么，为了达成自己攒钱的目标，大家都会做出哪些努力呢？大部分人的首选还是节省日常开支，也有超过一半的人选择投资理财和优化支出，选择这两种方式的人占比都超过了 50%（见图 1-5）。

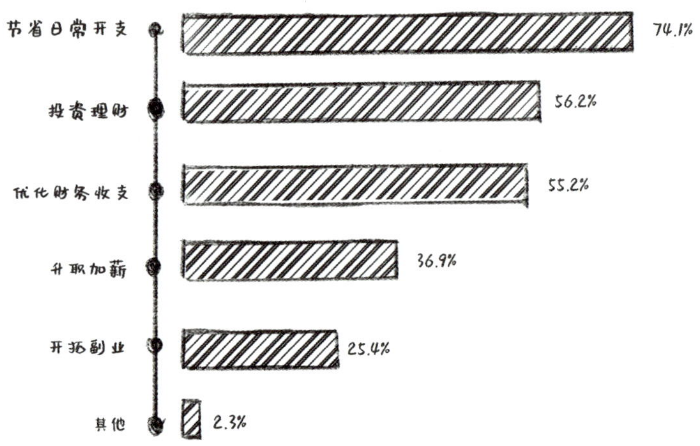

资料来源：《2022 年年轻人攒钱报告》

图 1-5　年轻人为攒钱所做的努力

尤其是存款少的人，比如存款在 5 万元以下的人，节省日常开支和优化财务收支是最优先考虑的选择。当存款超过 50 万元的时候，投资理财的重要性就提升上来了。因此，50 万元是一个分水岭，存款低于 50 万元的时候，大家想的更多的是如何攒钱；当存款达到 50 万元以后，大家就会考虑如何投资理财（见表 1-3）。

表 1-3　不同存款人群的理财选择

<table>
<tr><th>存款数</th><th>第一选择</th><th>第二选择</th></tr>
<tr><td>无存款</td><td rowspan="6">节省日常开支</td><td rowspan="3">优化财务收支</td></tr>
<tr><td>0 ~ 1 万元</td></tr>
<tr><td>1 万 ~ 5 万元</td></tr>
<tr><td>5 万 ~ 10 万元</td><td>优化财务收支、投资理财</td></tr>
<tr><td>10 万 ~ 20 万元</td><td>投资理财</td></tr>
<tr><td>20 万 ~ 50 万元</td><td>投资理财</td></tr>
<tr><td>50 万 ~ 100 万元</td><td>投资理财</td><td>节省日常开支</td></tr>
<tr><td>100 万元以上</td><td>投资理财</td><td>节省日常开支</td></tr>
</table>

资料来源：《2022 年年轻人攒钱报告》

（四）工薪阶层的财务情况

如果要给工薪阶层下个定义，那就是主要靠工资来维持生活的人，这也是大部分人的生活状态。工薪阶层主要有以下三个特点。

首先，工薪阶层的主要收入是月薪或者年薪。

其次，工薪阶层偶然收入较少，即使有，也都会用于小规模提升生活质量的消费。

最后，工薪阶层的风险承受能力有限，比如通常会担心失业等。

在过去几年里，我们经历了全球经济衰退。因此，失业成为大家关注的敏感词汇。而且，很多普通人对未来没有详细的规划，甚至没有为自己打算。金融知识的匮乏，让一些人从主观和客观上都没有了解自身理财状况的动力。

我国改革开放已经40多年，经济取得了长足进步，我们中的大部分人没有真正经历过经济危机，但是没有经历过并不代表个人的经济状况不会陷入危机，日本就是我们的前车之鉴。

20世纪60—80年代，日本的经济迅速发展，日本政府提出了让1亿日本人成为中产的口号——“1亿总中流”。很多企业实行终身雇佣制，员工告别了失业保险。民众看到经济一直向好，对未来信心倍增，这也逐渐影响到了当时普通日本人的消费习惯——从储蓄型文化向消费型文化转变，大部分民众不再关心储蓄和理财，对物质享受只想立刻拥有。然而没有哪个国家的经济可以长盛不衰，随着20世纪90年代日本经济增长放缓、股市暴跌，企业市值缩水、破产加速，民众生活开始出现困顿，加之日本社会老龄化加剧，生育率持续下降，逐渐老去的日本民众不但没有实现财富自由的梦想，甚至养老也只能靠自己。

因此，在宏观经济形势趋紧的情况下，工薪阶层更要看好自己的钱包。

一方面，我们要坦然接受消费降级。消费降级在全球经济动荡的当下，也许是我们最好的选择。作为普通人，你可以减少外出吃饭的次数，减少奢侈品消费，减少打车的次数。你会发现，这些行为最终会为你每月节省上千元的开支。

千万不要被有些人鼓吹的“钱是挣出来的，不是省出来的”理论忽悠了，否则，你就真的会变成“薪尽自然凉”。

另一方面，不要增加负债。裁员潮让大家人心惶惶，尤其是当自己经济状况变差的时候，各方面的消费不断增多，人们很容易陷入负债的泥坑。这个时候减少花销才是最有保障的方案。消费时首先要考虑实用性，不是生活必需品就不要买了。消费类电子产品，比如相机、电子阅读器等非必需品能不买就不买，因为手机已经具备了这些功能和特性。

在经济形势不确定的时期，我们要学会把更多的钱攒下来，因为只有钱攒了下来，我们才能有底气应对宏观经济带来的巨变，才有可能避免变成“脆弱的工薪阶层”，为之后进一步投资理财、用钱生钱打下坚实的基础。

二、第二件事：学会开源

很多人之所以能变得富有，本质上是因为他们掌握了积累财富的“底层逻辑”，即使再次变得一无所有，这些逻辑也可以让他们东山再起。

（一）我们的时代，我们的财富

财富本身不仅仅是钱那么简单。从古至今，财富还会体现为权利、资源以及资本。早期封建权贵们的财富绝大多数来自权利，清朝的和珅就是这一类权贵的代表，当时甚至有“和珅跌倒，嘉庆吃饱”的民谣。到了近代，财富更多是资源的象征，比如钢铁、煤炭、石油等。而在当代，则是资本在发挥引领作用，比如我们熟悉的巴菲特、互联网企业背后的投资机构等。

当然，这三种财富形式在当前呈现出一种共存状态，只不过不同时期起的作用不同。但一个难以打破的规律是：你离这些财富要素越近就会越富有，离得越远就会越贫穷。美国的城市研究所（Urban Institute）曾发布过一组数据：在1963—2016年的50多年间，在美国总人口中占比10%的顶级阶层，其财富增长速度远超其他阶层，到2016年，这一阶层所拥有的财富已是中产阶层的12倍，而在50多年前还只是6倍。

（二）你的焦虑来自收入吗

在今天，如果你不表现出一些焦虑感，都不好意思跟人打招呼。

比如，月入5万元的“95后”觉得自己事业不成功，月入1万元以下的觉得没有资格结婚。坐在星巴克里的人，不是聊财富自由就是聊上千万的大项目。在这样的环境里，你不焦虑才不正常呢。

很多事情，短期看是复杂的，长期看是简单的。

那么，我们国家的普通老百姓，到底每个月挣多少钱呢？

首先要说明的一点是，如果你现在一个月挣 5000 元，一点也不丢人。国内大部分人收入的中位数就是在 5000 元上下。这里说的是中位数，是指统计学上按照一定顺序排列的一组数据中，位于中间的那个，而不是我们说的平均数。中位数相对更加客观，毕竟如果用平均数计算，你和全国首富的收入一平均，你也可以打败全球 99.9999999% 的人。

所以，在中国谈论工资收入或者税后收入，一定要小心谨慎，需要看你针对的具体是哪一类人群。

（三）如何优雅地老去

经济发展的基本要素是人，很多经济现象都可以在人口层面上找到答案。如果一个国家 65 岁及以上的老年人占总人口的比例达到了 7%，即可被定义为老龄化社会。根据统计，2019 年，我国 65 岁及以上的老年人口占比已经达到 12.6%，养老困局并非远虑而是近忧。同时，只靠退休金或者养老保险，难以过上理想的晚年生活。只有提前做好应对准备，才能获得稳定长久的幸福。

养老虽然是一个敏感的话题，但是我们每个人都不得不去面对。我们面对的不仅仅是自己的养老，还有父母的养老。2021 年就有调研机构指出，有超过七成的“90 后”开始考虑养老问题，但是大部分人还没有具体的规划。

目前，我国的养老金体系主要有三大支柱，分别是养老保险、企业年金和商业养老保险（见图 1-6）。

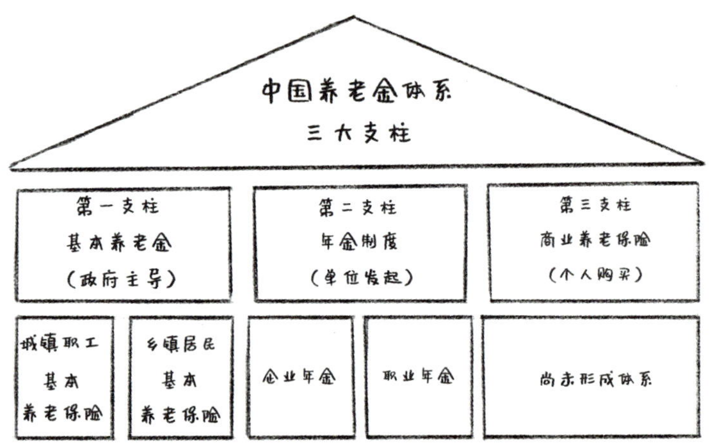

资料来源：勾股大数据

图 1-6　中国养老金体系三大支柱

第一支柱目前是普通中国人养老的主要收入来源。基本养老金目前的支付方式是“现收现付”：参加工作的人每个月缴纳养老金，一部分会作为养老金发放给已经退休的老人。也就是我们经常听到的一个词——代际赡养。简单讲，就是现在工作的人养活已经退休的人。未来我们退休了，到时候会有年轻人来交钱给我们养老。

但是，未来的人口可能不会一直增长，甚至会出现下降。2019 年的时候，是 2 个养老保险缴纳者养 1 个退休人员，根据预测，到 2050 年就是 1 个养老保险缴纳者养 1 个退休人员，压力可想而知。

所以，要优雅地老去，还不是一件容易的事情。

当然，国家已经替我们想到前面去了。2022 年，国务院发布了《关于推动个人养老金发展的意见》，而个人养老金的性质就属于我们刚才说的第三个支柱——商业养老保险。个人养老金是同代自养，也就是说放进去的钱不会给别人，只是给自己养老用。那么这个个人养老金是怎么实现养老的呢？

实际上，就是国家给你开一个账户，你可以在这个账户存一定金额的钱，然后这些钱被拿去买公募基金、银行理财、保险等金融产品，以此实现资产的保值增值。个人自愿参加，国家统一管理。

这样一来，国家就成了个人的私人理财规划师。目前每人每年最多存 1.2 万元，当然这笔钱不是强制性的，个人自愿参与，它最大的目的就是帮助我们每个人实现财产升值，同时还可以抵税。

可能有读者会问，既然都是买理财产品，为何我不可以直接自己购买，非要走这个国家的账户，而且每年只能买 1.2 万元？自己操作，自己理财，自己养老，不是更好吗？

事实上，自己来操作是很难的。要知道，在当下的理财市场，大部分普通人能够坚持的投资时间不超过半年，很难长期持有，更别说坚持到有收益的时候。从个人收益来看，2021 年我国的 CPI 涨幅是 1.1%，贷款利率约为 5%，两者之和为 6.1%，这也是当前我们的资金成本。换句话说，个人养老金投资收益要超过 6.1% 才算不亏本。

坦白地讲，6.1% 的年化收益率，在当前来看，大部分人是达不到的。

但是我们的个人养老金投资可以做到，而且已经实现了。以社保基金收益来看，2008—2020 年的年均投资收益率在 8% 以上（见图 1-7）。

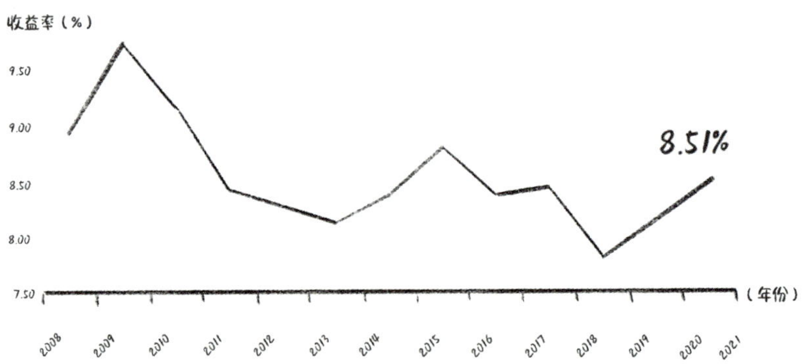

资料来源：勾股大数据

图 1-7　全国社保基金年均投资收益率

而国家未来要给我们管理的个人养老金账户，对接的产品理论上与社保基金是一致的，都经过了国家层层筛选，安全性远高于市场同类产品，收益率相对有保障。所以对大多数人而言，为了尽可能享受到长期投资的复利效应，参与具有长期封闭期的个人养老金是最佳选择。

此外，再从整体层面来考虑，作为典型的长期资金来源，个人养老金制度的推行也利好股市长牛、慢牛格局的形成。我们不妨简单地估算一下，假设有 1 亿人开通个人养老金账户，平均每人每年存入 1 万元，每年就能为市场带来 1 万亿元的增量资金。而且因为账户的特殊属性，这笔钱在投资者退休后才能支取。这也就意味着，这些“活水”是长期稳定的钱。

这样的方案能否成功呢？实际上，美国很早就实行了类似的方案（见图 1-8）。

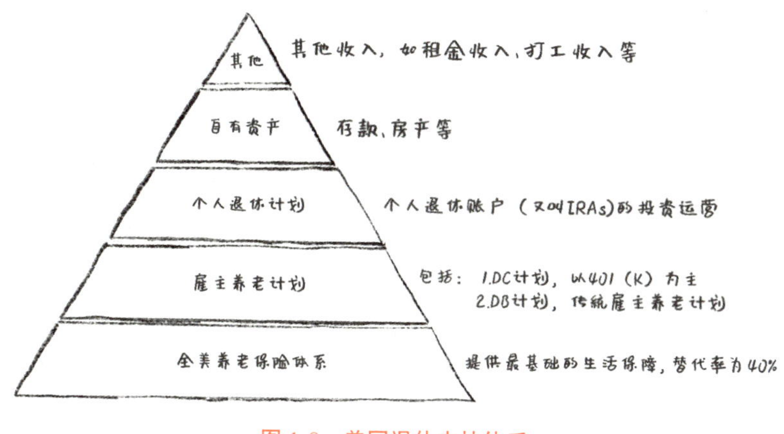

图 1-8　美国退休支持体系

我国推出的个人养老金制度，类似于美国的“个人退休账户”。我们经常说美国人不爱存钱，实际上美国人是不把钱存在银行里，而是存在了退休账户中，不断获得收益。起初，美国的养老金管理机构将这些钱主要放在银行存款里。1990 年后，基金、股票、债券的投资占比开始提升，如今基金已成为美国个人退休账户最重要的投资方向。大量“活水”为资本市场提供了源源不断的长期资金，直接成为美股长期大牛市的有力推手。

目前，美国国家统筹的第一基础养老金规模占比仅为 7.7%，个人退休账户占比超过 32%。所以在养老这件事情上，需要我们自己和国家一起努力，优秀的投资和养老渠道不要轻易丢弃，要好好利用起来，这样才能为我们的养老生活打造坚实的基础。

（四）人到中年，要学会给自己“撑伞”

今天，让自己高兴可能不需要钱就行，看看短视频就能让你乐半天；但是那些烦心事多半和钱脱离不了关系，花钱带来的快感，总是转瞬即逝。

但是手中有钱就能做到心里不慌。过了 35 岁，很多人都会觉得自己不再年轻了。书签客不想给各位读者灌鸡汤，恰恰相反，承认自己进入中年，是很多人都需要面对的忧伤。

人到中年，你我都要面对现实，看似没有出路，实则别有洞天。你是要把年龄作为自己的借口，开始停滞不前，还是要破茧重生、凤凰涅槃，不给自己的心设限？油腻并不可怕，时间不会因你而停止，破局才是关键，最怕的是安于现状的想法在你心中久久不能散去。

幼儿时有人给你撑伞，少年时不需要别人撑伞，中年时需要自己给自己撑伞。自己的局，要靠自己去破。痛，抗不过去就是痛苦；扛过去就是痛快。

三、第三件事：学会投资

（一）长期来看，投资什么最赚钱

我们做投资理财，到底买什么资产最赚钱，买什么资产会亏钱呢？

关于这个问题，已经有专家给出了权威的答案：美国宾夕法尼亚大学沃顿商学院的西格尔教授，曾经统计过美国股票、债券、黄金、现金等大类资产的长期收益（见图 1-9）。

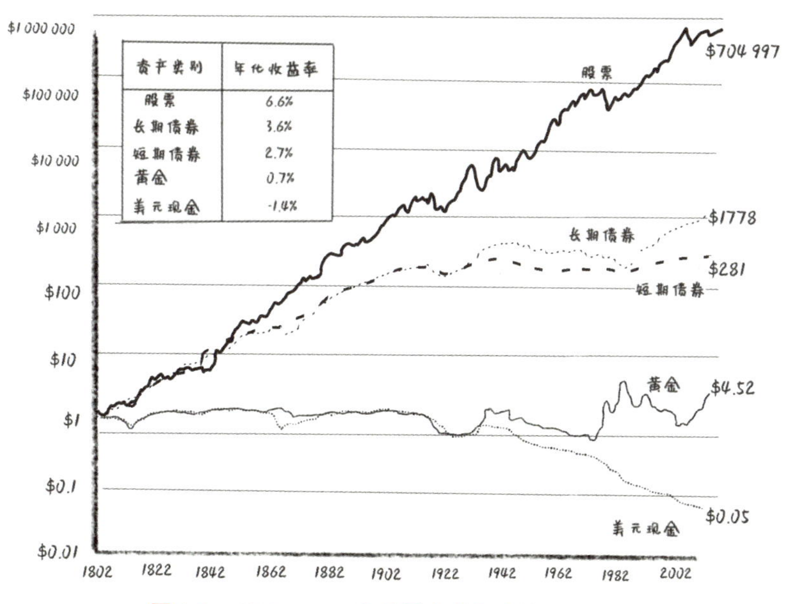

图 1-9　1802—2002 年美国大类资产的长期收益

从图 1-9 中我们可以看到，从 1802 年到 2002 年的 200 年间，1 美元的购买力已经下降到了 5 美分。美国的短期债券和长期债券的年化收益率分别为 2.7% 和 3.6%。黄金就不多说了，大家可以看到其年化收益率只有 0.7%。

最引人注目的是，最上面的那一条持续向上的曲线，那就是股票投资。长期来看，美国股票的年化收益率是 6.6%，这个数字看起来不高，但是 200 年的时间积累下来，1 美元的股票已经变成了约 70 万美元，要知道，这期间你所要做的事情就是“什么也不做”，躺平就好了。

有读者会提出疑问，没有人能够活 200 年，活 100 年都不太可能。更何况，美国市场和中国市场必然相关吗？客观地讲，中国的股票市场设立时间不长，尤其是和美国等成熟资本市场相比，确实很难在短期内达到后者的稳定水平。但是我国股票市场的长期回报走势大概率会跟美国过去 200 年的走势趋同。

我国的沪深 300 指数涵盖了国内上市公司中规模最大、流动性最好的 300 家企业。所以我们可以用这个指数的数据来看一下国内股票资产的收益率情况。

沪深 300 指数最初是在 2005 年发布的，以 2004 年 12 月 31 日为基期，起始点数是 1000 点，截至 2022 年底，收盘价为 3871.63，在这 18 年中，复合年化收益率为 7.81%。与前面美国股市 200 年的数据相比，沪深 300 指数只有 18 年的历史，所以波动性还是比较大的。在 2022 年，沪深 300 指数一年的下跌幅度达到 21.63%。也就是说，如果按 2004 年到 2021 年的数据来统计，沪深 300 指数的年化收益率会更高。

即便如此，7.81% 的长期（请注意，是持续 18 年的收益率）年化收益率也超过了债券、银行理财、黄金等大类资产。

从本质上来说，股票的长期投资收益率高于其他资产是必然的。

首先，我们现代社会的财富主要是由千千万万的企业创造的，所以企业的经营性资产也是各种债券、理财产品的底层资产，企业的经营利润是各类金融产品获利的源泉。

其次，社会上全部企业创造财富的能力是各不相同的，甚至是差别是很大的，而无论国内还是国外，对上市公司都是有一定的筛选标准的，能够公开上市发行股票融资的公司，都是要满足一定条件的，也就是它们的盈利能力是要超过一般企业、高于社会平均值的。虽然股价会随着市场的情绪有比较大的波动，但上市公司股票的长期回报率，是趋近于其净资产收益率的，这也是有历史数据可以证明的。

最后，股票指数的编制也是有一定规则和要求的，被收入沪深 300 指数的公司，又是从上市公司中筛选出来的优秀代表，而且指数会定期更新，淘汰业绩不合格的公司，吸纳新的优秀公司。这就使得沪深 300 指数的长期年化收益率要高于所有上市公司整体的平均值。

也许有读者会质疑，现在（2022 年）的股市非常低迷，全球经济形势又不好，别说赚钱了，少亏钱就是赚钱，哪会像前面说的那么好呢？事实上，我们经常听说股市是“七亏二平一赚”，这也是事实。

所以当书签客告诉大家投资股票或者基金是一个很好的选择时，这里面也有很多风险需要大家注意。

首先，股票或者基金，是从一个大类别或者整体来讲的。这个大类别里面有一揽子的产品，在实际投资过程中，我们会发现：任何一只个股或者一只基金都有可能在市场波动的大潮中消亡。因此把投资理财寄希望于某一只股票或者基金是不切实际的。

其次，长期来看股票市场表现很好，但是长期是多久呢？200年、100年、10年、1年还是1个月？这些往往不以人的意志为转移。比如10年前全球市值前10名的企业和现在全球市值前10名的企业已经发生了翻天覆地的变化。10年对于整个投资市场来讲如同白驹过隙一样，但是对于我们每个人来讲，却是非常宝贵的黄金时代。

所以，投资的时候，我们要对风险保持敬畏之心。早点开始你的理财之旅，让时间站在你的这一边才是关键。

（二）什么是价值投资

相信很多读者都听说过“价值投资”这个词，由此也会联想到长期投资、巴菲特。价值投资的理念和体系最早是由本杰明·格雷厄姆提出来的，他是巴菲特的老师。经过多年的实践和几代人的发展，价值投资的理论体系已经比较完善。下面，我们来详细看看，价值投资的理论可以给我们带来哪些启示。

第一个启示，买股票就是买公司，所以在投资股票之前，我们要先问一下自己，是否了解要投资的这家公司。因此，价值投资理论认为，你对一家公司的了解程度其实是决定你是否要买入的关键要素。在买入之前，你要问自己四个问题：这家公司是否有足够宽的护城河？买入的价格是否合适？你是否有长期持有这家公司的信心和定力？投入的钱是否足够多？所以巴菲特的投资理念就是：只投资高价值、可迭代、有护城河的公司。

第二个启示，没人能预测股票短期的涨跌，但是投资领域有些规律可以从中长期角度帮助我们做好判断。我们都知道 80/20 法则，它适用于我们生活的许多方面，比如人口分布、财富分布等都符合这样的规律。在投资领域，相信大家都有这样的经历，自己投资的少数几只股票和基金，占自己收益的一多半。

投资市场的交易时间，也有类似的规律：市场上 80% 的时间可以被称为垃圾时间，只有 20% 的时间或者说极端时间段才是决定我们财富的关键。因此，投资者不需要过于关注每天市场的涨跌，而是要关注一生一次或者几次的周期性波动。这也是 80/20 法则的一种实践方法。

第三个启示，在自己的能力圈范围内出手。巴菲特的办公室里挂着一幅棒球手击球的海报，这位棒球手是大名鼎鼎的泰德·威廉斯，他在棒球届的地位和巴菲特在金融领域的地位旗鼓相当。泰德·威廉斯曾提到一个观点："高击打率的秘诀是不要每个球都打，只打'甜蜜区'的球，正确地击打'甜蜜区'的球，忽略其他区域的球，就能够保持最好的成绩。"也就是说，对于高水平的棒球手而言，并非所有的球都要打，而是要等待一个好球，然后全力以赴。对应到投资领域就是投资者在自己的能力圈范围内，能够对某些公司、某些行业获得比其他人更深入的理解，而且能够对公司未来长期的表现做出更加精准的判断。这样知道了自己的能力和优势范围，我们就需要待在这个圈子里，不管圈子以外的事情，持续做那些“更少但是更好的事”。

能力圈的建立需要长期努力，我们不可能对所有行业和公司都十分了解，所以一定要先清晰地划定自己能力圈的边界，在这个范围内聚焦少数公司，去深入研究，这样才能建立起有效的能力圈，并用于自己的投资决策。

价值投资的理论听起来非常简单，也非常合乎逻辑，可是在现实的投资过程中，完全按照价值投资的理念去操作的投资者在市场里简直是凤毛麟角。价值投资从理论上看确实是一个大概率可以长期获得投资收益的方法，但问题的关键是——这个过程太长了。而且，股市的短期波动往往会让这条路更加曲折，考验着价值投资者的人性。这种定力和坚持，需要长期的磨炼才能形成。大多数投资者都是因为受不了长期价值投资过程中市场的波动冲击，而中途放弃了既定的原则。因此，价值投资的原理虽然很简单，但能真正做到长期坚持这些原则并最终获得长期收益的人实际上非常少。

四、财富自由

（一）财富自由的两个概念

财富自由是每个人都想实现的目标，它有两层含义。

1. 非工资收入大于生活开销，就是有“盈余”。
2. 有相对可靠的抗风险能力，也就是有“稳定性”。

很多人经常把财富自由简单理解为副业收入大于开销。实际上，副业的投入也是有成本的，需要从效率的角度来客观看待。

我们先说一个概念——收益效率。

收益效率指的是，不同的工作或投资，在相同时间内，能够带给你的收益是多少。

假如，你是一个没有任何特殊技能的工薪族，偶然在网上学会了制作腌制鱼干的技术，通过网上销售，每千克成品可以获得 15 元的利润。另一种赚钱的方式是，从老家收购刚刚打捞上岸的海鲜，转手卖给附近的市场，每千克可以获得 5 元的利润。你会选择哪个呢？

表面上看，卖腌制鱼干更挣钱，但是鱼肉需要现买，同时腌制的过程还需要投入很多时间和精力，步骤相对烦琐；而转卖海鲜，也许只需要给老家的亲戚打个电话，就可以让亲戚打包快递过来。

卖腌制鱼干→每千克 15 元利润→ 1 周采购鱼肉 +4 周制作→

15 元 /（5×7）天 =0.43 元 / 天

转卖海鲜→每千克 5 元利润→ 3 天沟通与运输→

5 元 /3 天 =1.67 元 / 天

因此，注重单位时间的收益，选出有较高收益效率的方式，是确定有效收入方式的第一步。

除了收益效率之外，还有一个比较重要的盈余概念是“资本收益率”。

资本收益率是指：

获得的收益与付出的成本的比值 = 利润 / 投入成本

例如，你发现儿童玩具市场非常赚钱，尤其是儿童滑板车和儿童积木。生产儿童积木需要采购大量原材料，但是由于环保要求高，所以原料价格一路走高。而儿童滑板车需要一个相对昂贵的小型机床和一些配料，但配料相对比较便宜。你会选择哪个呢？

如果一套儿童积木的原料成本是 50 元，一辆儿童滑板车的原料成本是 30 元，但是需要一台 2000 元的机床，那么：

儿童积木的总成本 =50 元 × 数量

儿童滑板车的总成本 =30 元 × 数量 +2000 元

当只生产一套儿童积木和一辆儿童滑板车的时候，儿童滑板车的成本相当高，但是当生产 100 套积木和 100 辆儿童滑板车的时候，儿童积木的总成本是 5000 元、儿童滑板车的总成本也是 5000 元，两者已经持平。

生产 200 套积木的成本是 10000 元；生产 200 辆儿童滑板车的成本是 8000 元，也就是说，生产的产品数量越多，滑板车的成本优势越明显。

因此，从盈余的角度，我们可以看到财富自由需要做到两点，那就是：

1. 如何用最高的时间效率获得收益；

2. 如何最有效地利用你的资本。

从理财的角度来看，稳定性也有两层含义：时间稳定性和收益稳定性。

时间稳定性说的是你每一笔收入是否和特定的时间有关。比如上述倒卖家乡海鲜的例子，可能这些海鲜只在夏季才有，其他时间都卖不出好价钱或者不让捕捞，那么在时间稳定性上，倒卖海鲜就不是一个好的选择。

在收益稳定性上，大家可能感受更多。比如书签客投资了一只股票，过去一周上涨了 35%，简直赚翻了。这时候我就想象着，如果每周都能上涨这么多，到年底岂不是要大赚一笔？但实际上，股票市场一直起起伏伏，很难出现持续上涨的情况。但是其他的投资标的物，却能够在收益上保持稳定，比如核心城市的房屋租金、专利费等，这些都是相对稳定的收益。

因此，当我们谈论财富自由的时候，其实是在谈论两件事，那就是盈余和稳定性。而盈余则包含了收益效率和资本收益率，稳定性则包含了时间稳定性和收益稳定性这两个因素（见表 1-4）。

表 1-4　财富自由的盈余和稳定性

财富自由	盈余	收益效率	如何用最高的时间效率获得收益
		资本收益率	如何最有效地利用资本
	稳定性	时间稳定性	每一笔收入是否和特定的时间有关
		收益稳定性	收益是否经常波动

大家可以看看自己的财富自由，是否达到了这两个标准。

（二）职业和事业有很大的区别

书签客和粉丝经常交流下面的问题。

书签客："你的事业是什么？"

粉丝："我从事互联网方面的工作。"

书签客："你自己开了一家与互联网业务相关的公司吗？"

粉丝："不是的，我只是在那家互联网公司上班。"

从上面的对话中，大家可以发现，我们很容易混淆职业和事业的概念。在互联网企业工作只是一份职业，但是我们每个人都应该拥有一份事业。如果你没有关注自己的事业，那么就会耗尽一生的精力去关注别人的事业并帮助他们致富。

关注自己的事业才是助力我们财富自由的关键。那么我们每个人的事业，是只关注收入吗？

我可以很明确地告诉大家，你的事业中心不是你的收入，而是你的资产。要知道，从企业的角度来看，员工会付出最大的努力以免被解雇，而雇主往往提供最低工资以保证员工不辞职。所以有人把工作的英文单词 job 扩展成“just over broke”（只比破产强一点）。

如果你只盯着自己的工资收入，那么就会按照别人教你的那样去做：找一份稳定的工作。这样做，短期看有比较好的工资和福利待遇；但是长期看，这种做法有一定的不稳定性。所以，如果你把攒下的每一块钱都投入到自己的资产中，那么你的钱就会变成你的雇员，可以 24 小时不知疲倦地为你工作。那么哪些资产是普通人可以接触到的呢?

1. 股票、债券、基金。

2. 能够产生收入的房地产。

3. 版税（音乐、图书、专利等）。

4. 不需要到场就可以正常运作的业务。

5. 其他有价值、可以产生收入或者有增值潜力的东西。

我们需要做的是，锁定这些资产，不要背上数额过大的债务包袱，同时保持较低支出，不断地构筑、完善我们的资产体系，这样才能免于陷入“为钱打工”的老鼠圈。

（三）时间是你的朋友，也可能是你的拦路虎

从本质上讲，大部分人都是花时间挣钱，然后再花钱买时间。比如，你拿出来 2 个月的工资，交换一周的非洲旅行。但不幸的是，我

们买回来的时间并不多。比如有的人一天的工资可能有500元左右，晚上下班回家，玩游戏买买道具、看看短视频下个单、再点个外卖，300多元就花出去了。一天下来，用8小时换来500元，之后又花出去300多元，而且还要付出时间、身体和注意力成本。

纪录片《货币背后的秘密》的开篇第一句话就是："你真正的财富是你的时间和自由，金钱只是用来交换时间的工具。"

时间是不可再生的，也不能重复使用，这才是真正的财富，而钱只是一个记账符号。

了解财富底层逻辑的人，都知道要尽量把时间花在高价值的事情上，而把低价值的事情外包出去。

变富不是一件难于登天的事情，只要你有一颗极度渴望财富的心。这话听起来鸡汤味浓浓，但实际上绝大部分普通人确实并没有真正想获得财富。晚上熬夜看手机到一两点，睡前自责发誓，明天一定努力奋斗、要挣钱；第二天早上却又关闭闹铃，跟自己说"多睡10分钟也不会影响发财大计，不差这一天"。大部分人就是这样：天天夜里想出路，白天起来走老路。

所以，很多普通人不想致富，只是想躺赢。更确切地说，大部分人不是想"搞钱"，只是想"要钱"，"搞"不在他们的意识里。

如果不竭尽全力、毫无保留地去创造财富，那么当个普通人就是很多人的归宿。美团王兴说过一句话："极度渴望成功的人并不多，愿意付出非凡代价的更少，所以大部分人都是平凡人。"

但是，你真的不想靠自己的行动过上富足的生活吗？

第二章

如何才能攒下钱

如果你有5000万元，你会生活得更好吗？先别着急回答“是的”。

我们先看几个大家都认识的人。

著名“流行音乐天王”迈克尔·杰克逊，一生中获得了13次“格莱美奖”和26次“全美音乐奖”。他在个人演唱生涯中，拥有13支美国冠军单曲，同时迈克尔·杰克逊还拥有“最成功的艺术家”吉尼斯世界纪录称号，并且曾积累了数亿美元的财富。然而去世的时候，这位流行天王却欠下了4亿美元的债务。

迈克·泰森作为全世界最成功的职业拳击手，拥有辉煌的职业生涯，一共赚了4亿美元，最终却由于生活铺张和滥用毒品而陷入破产。2012年，他欠下的债务总计达到3000万美元。

尼古拉斯·凯奇是美国知名演员，曾经是好莱坞身价最高的演员，片酬最高曾达1.5亿美元。然而他的财富没有持续积累下去，尼古拉斯·凯奇在稀奇古怪的物件上花费甚多，比如花30万美元买下恐龙头骨，但是最后发现是被偷的文物，只能交还警方。这种消费方式，最终让他落得个人破产的境地。

NBA 球员的薪水也都很高，年薪动辄成百上千万美元，但是有 60% 的 NBA 球员在退役后的 5 年内宣布破产。这些优秀的球员在赛场上叱咤风云，但是他们的理财意识非常差，甚至根本没有。

从这些明星的故事里我们可以明白一个道理：赚钱的能力和把钱攒下来的能力一样重要。

这些故事中的名人并非个例，他们之所以为大众所知，主要是因为明星的生活一直在公众和媒体的视野里，所以他们的行为很快就成了大众的谈资。

很多人认为，赚到 5000 万元之后就可以衣食无忧地生活，直接进入“躺平”模式。那些明星、运动员甚至是中了彩票的人，包括那些在互联网企业工作的程序员，都有类似的想法：赚 5000 万元要比守住 5000 万元难多了，钱都有了，还有啥可担心的？

但现实恰恰相反，守住 5000 万元有时要比赚 5000 万元更难，更别提让它升值了。这并不是说 5000 万元很容易赚到，而是说除非你知道如何明智地把这笔钱攒下来，甚至是让这笔钱升值，否则拥有 5000 万元不会给你带来多少好处。

因此攒钱是每个人都要学习的技能。不管你有 5000 元还是 5000 万元，如果没有学会攒钱，那么你的财富流失速度就会超乎你的想象。

一、攒钱第一步：消费“断舍离”

在追求财富的道路上，很多人都会犯一个错误：喜欢营造让自己看上去很有钱的幻觉，而不是做一个真正的有钱人。但是钱并不好赚，花钱的地方却越来越多。

商家们都在绞尽脑汁，想从我们的口袋里把钱掏出去，以至于各种手段粉墨登场，比如告诉你：借钱也要让自己的生日有“仪式感”。在你认同这些观念之后，钱就会从你口袋里快速地溜走，连一声招呼都不会打。

因此，在消费之前，我们需要衡量一下要购买的产品或者服务的价格和收益。

（一）好物品法则

消费观念决定消费习惯，学会控制花销，才能迈出致富的关键一步。我们需要把省下来的钱理性、有效地用于投资，比如投资可以随着时间增值的资产，而不是投资会贬值的物品，比如电子玩具、高档汽车等不能给自己带来资产增值的物品。

通过一项针对年轻用户的调查，我们来看看哪些物品是被大家吐槽买回来就没啥用的（见表 2-1、表 2-2）。

表 2-1　高闲置电子设备

排名	高闲置电子设备	投票比例
1	平板阅读器	48.6%
2	单反 / 微单	32.5%
3	充电宝	32.2%
4	卡片机 / 拍立得	31.1%
5	蓝牙音箱	30.6%

表 2-2　高闲置电器设备

排名	高闲置电器设备	投票比例
1	榨汁机	43.7%
2	挂烫机	41%
3	烤箱	39.4%
4	破壁机	35.3%
5	加湿器	32.1%

那么普通人应该如何判断一件物品有没有价值，该不该买呢？很多人经常会为此纠结。实际上，有很多方法可以帮助我们来判断一件物品是否真的对自己有价值，比如“好物品法则”。

好物品法则：

我们可以对一件物品的喜爱程度进行打分——从 1 分到 5 分，然后用这个分数乘以每月使用的频次，如果评分低于 10 分，那么就需要考虑把它丢掉或不去购买。

举个例子，书签客有一个精巧的小手提箱，非常精致，我对它的喜爱程度是 4 分，但是这个箱子书签客半年里只用过 1 次，平均一个月就是 1/6 次，根据好物品法则：

$$评分=4\times1/6\approx0.67$$

很显然，这个箱子在书签客的生活里使用频次非常低，还很占地方，属于没有太多意义和价值的东西。

所以，对于价格高、收益低的物品，我们可以考虑丢掉或不去购买。以奢侈品为例，富人之所以买奢侈品，是因为在他们眼里这不是奢侈品，而是日用品。但是对普通人来讲，省吃俭用买的奢侈品多半只是用来炫耀的，是典型的价格高、收益低的物品。

对于价格低、收益高的物品，我们则可以选择品质高的。比如书签客之前家里套垃圾桶用的塑料袋，都是去超市、商场购物积攒下来的，我觉得很省钱，实际上效果并不好。对于垃圾袋这种大多数人没什么喜爱程度但是使用频次高的物品，与其攒下旧的塑料袋占地方，还不如买成捆的一次性塑料袋。这样花不了多少钱，每次给垃圾桶套塑料袋的时候，新的塑料袋还可以避免弄脏手和衣服，让整个过程变得很顺畅，也会让我们保持好心情。

再比如买书。电商平台的书一般按定价的 7 折销售，促销时会按定价的 5 折销售，有时读者只需花二三十元，就可以买一本书，也就相当于一顿午饭钱。如果是二手图书，价格往往在 10 ~ 15 元一本，也非常划算。我国图书的定价在全球范围内来讲都属于较低的，几十块钱就可以提高自己的认知，这其实是很幸福的一件事。

所以，生活消费是必须的，但是我们要会算账，不要把自己的财富稀释掉了。

（二）“10% 意外之喜基金”

网上有一个段子是这样说的。

找个没人的地方，
对着镜子，给自己鞠个躬，
然后对自己说：
“姑奶奶，您辛苦了，
今年您真的很不容易。”

确实如此，过去几年里，疫情压力大、收入不稳定，能够有份工作就已经实属不易。但是，再苦再累也要学会犒劳自己，不然我们连攒钱的动力都会不足。不过，很多人又会陷入矛盾之中，想给自己买点好东西、吃顿大餐，但是没有勇气这么做，觉得这样会浪费金钱，完成不了攒钱的目标。

如果你也有这样的心理负担，不妨试试这样一种方法，那就是准备一个“10% 意外之喜基金”。这个方法很简单，就是把每个月工资的 10% 存起来，让自己收获普通日子里的意外之喜，提升自己的生活品质。

意外之喜基金 = 每月工资收入 ×10%

比如，你可以用“10% 意外之喜基金”给自己换一个更有质感、更舒服的枕头，让自己睡眠更好，第二天精力更加充沛；或者你可以用“10% 意外之喜基金”犒劳自己去环球影城痛痛快快玩儿一次，等等。总之，我们可以用一个小基金的模式，把那些想要的梦想放进去，当攒够一定资金之后再去实现它。

这样的意外之喜会让你对未来的生活更加期待，即使消费也不会有负罪感，而它带来的幸福感却能更持久。

（三）那些屡试不爽的花钱变攒钱的小技巧

对每个普通人来讲，花钱是不可避免的，那么在花钱的过程中如何省下钱，避免不必要的开销呢？书签客在和很多粉丝交流之后，总结了一些和大家生活关系密切的方法，你可以看看哪些方面适合你的生活状态（见表 2-3）。

表 2-3　消费品替代方案

序号	名称	负面作用与效果	替代方案
1	衣物	容易冲动消费	找对自己风格和款式很重要
2	健身卡 / 游泳卡 / 舞蹈卡	难以坚持	先跟健身博主视频锻炼，能坚持一个月再考虑办卡
3	会员卡	容易自动续费	关闭自动续费功能
4	汽车	消耗品，还有车辆保险、维修、停车需要花钱	测算买车与打车哪个成本更低
5	宠物	治愈但是很花钱	限制预算或者不养宠物
6	人情往来	难以预料的红白喜事	提前预留资金
7	说走就走的旅行	预算难以控制	市内游
8	租房用品（地毯、床头柜）	不方便打理和携带	减少预算或者不购买
9	漂亮的杯子和碗	实用性不强、不好清洗且价格高	不建议购买
10	iPad/ 电子书阅读器	手机功能可以基本替代	不建议购买

在我们的日常开销中，有些人把一大部分钱花在了购买衣服上，尤其是动辄上千元的衣服，其实这些衣服的价值并不大，在日常的穿着方面，重要的是找对自己的穿衣和款式风格，这样我们才能更好地规划穿着开销。另外，健身卡、舞蹈卡、游泳卡也是我们经常遇到的

花费比较多的事项，商家一般都会让我们充值一年甚至两年，但实际上我们去锻炼的次数屈指可数，因此我们可以先通过短视频来启动健身计划，如果能坚持下去再找专业的教练或者办卡也来得及。

另外还有一些减少非必要消费的小技巧，具体如下。

延迟满足法。除非急用，一般可以让一件物品在网店购物车里待上几天再去考虑要不要买。如果一件物品你只是因为觉得“以后一定会用上”或者“放在家里很有氛围感”而去买，那你可能买了之后也用不上几次。

等价换算法。在买一样东西前，先计算自己需要花多少个工时才能赚到等同的钱，之后再决定买不买。比如，你每月的工资收入是10000元，每个月22个工作日，每天工作8小时，那么你的时薪就是10000/（22×8）≈56.8元。如果你想买的那件衣服是1200元，那么你买这件衣服需要花费的时间成本是1200/56.8≈21小时。当这么计算之后，你还愿意花费21小时的工作时间来换取这件衣服吗？

（四）“反大牌”的年轻人

你上次买大牌口红、包包是什么时候？

过去大家关注的是，知名主播推荐的大牌口红到底选哪个；现在大家关注的是，买了那么多大牌口红，最爱的颜色却是50元的那款。

如今，有相当一部分年轻人已经开始进入“非刚需不购买”的“反大牌”消费模式。那么他们都有哪些消费策略呢？来看看书签客两个粉丝的做法，或许大家可以从中得到一些启发。

粉丝A，囤货用完再买。

粉丝A在各种短视频的推荐下，买入了大量大牌化妆品和护肤品，一年下来消费超过3万元。为了攒钱，粉丝A决定等自己的囤货消耗完再买其他的。至于包包更是放弃了，毕竟长时间在家，买个包没背出去几次就过时了。另外，咖啡是粉丝A的刚需，但是为了攒钱，她先是把星巴克替换成了瑞幸，之后又放弃了在外面买咖啡，自己买了一个咖啡机，把平均每天60元的咖啡消费成本直接拉低到3元。

粉丝B，不买大牌，尽量平替。

降低消费欲望并不代表要压抑自己，粉丝B找到了一个替代路径，那就是找到临期或者二手的货品，能自己在家动手做的，绝不进店消费。另外，平替也能挖到小众好品牌。粉丝B甚至在网络上找到了咖啡和奶茶的配方和配料，虽然难以100%还原，但是至少经济实惠，还有一点手工自制的成就感。就这样，“平替”成了粉丝B省钱的方法。

（五）“多买资产而非负债”法则

经过近几年的全民财商教育，很多人对资产和负债的概念有了一定的了解。

简单地讲，资产就是能够给我们往兜里带来钱的东西，负债就是让我们从兜里掏钱的东西。

比如，那些买回来就没怎么穿的衣服、还没有拆包的电子玩具、快要过期的零食，都是“负债”。这些物品除了让我们给商家支付一笔钱之外，并没有给我们带来任何收益。甚至有时候，我们还需要给这些物品找到存贮的空间。

所以当用投资的理念去思考消费的时候，我们每次花钱时，都应该考虑一下，这笔钱花出去之后，能够给我们带来多少收益？是节省了自己的时间、让自己身体更健康、提升了认知，还是直接带回来更多的财务回报？

（六）能攒钱的都是厉害的人，比如我们的父母

坦白地讲，攒钱是一件比较难的事情。

很多人的攒钱方式是：月收入 10000 元，房租 3500 元，因为要住得离公司稍微近一点；交通费每月 300 元，偶尔下班晚了得打车；吃饭每月 2500 元，每天要喝奶茶、咖啡，周末要吃一顿好的解解压；日用品、水电费、网费等加在一起每月 500 元；最低频率地买衣服、洗护用品等，每月也要 800 元；社交和养宠物的费用每月 800 元，包括朋友聚餐、养猫养狗的费用等。

这样算下来，10000 元的月薪，每月可以攒下来的钱是：

10000–3500–300–2500–500–800–800=1600 元

但是这样存钱的话，即使坚持一年，攒下来的钱也不到 2 万元，节奏太慢。

我们再来看看书签客的粉丝——晓航的攒钱大法。

晓航在某一线城市工作了 3 年，目前工资月收入 10000 元，为了攒钱，他住在远郊，不是租了一整套房子而是只租了一个单间，房租每月 1500 元。

出行基本都是靠公共交通，共享单车和地铁是标配，而且在一线城市，这两种出行方式都比较节省时间。除非公司能够报销，否则晓航会尽量不打车，每个月的交通费用尽量控制在 200 元以内。

吃饭，午餐和晚餐每顿不超过 30 元，早餐不超过 15 元，周末能自己做饭就自己做饭。购物时，晓航会尽量在各个平台上拿优惠券，赶活动买 1 块钱一盒的鸡蛋，等到晚上 8 点以后买 7 折的面包等。晓航一般会尽量不出去就餐，如果聚餐也是尽量打包饭菜回来，这样一个月的饭费可以控制在 2000 元以内。

对于日用品，晓航会赶在 618、双十一、双十二等活动期间买大包装的囤货，加上水费、电费、燃气费、网费等支出，整合起来每月控制在 500 元以内；衣服和护肤品支出每月在 300 元左右。

必要的社交还是需要的，但是晓航会控制频次和价格，比如减少看电影、旅行等活动的频次，锻炼身体就去公园走走、沿着河边跑跑步。宠物也是“碎币机”，所以晓航放弃了养宠物的想法。这样一来，一个月社交成本可以控制在500元（见表2-4）。

表2-4 不同的攒钱策略

花销类别	普通人	厉害的人	备注
房租	3500	1500	合租或者住在远郊
吃饭	2500	2000	能自己做就自己做
交通	300	200	公共交通为主
水费、电费、燃气费、网费和日用品	500	500	
衣物、护肤品	800	300	优惠券、减少衣物购买频次
社交与宠物	800	500	看电影、旅行和养宠物的支出大幅压缩
总开销	8400	5000	

这样加起来，晓航一个月总的花费是：

10000–1500–200–2000–500–300–500=5000元

当然，大家生活在不同的城市，实际情况各不相同。但整体思路是一样的，你可以说这样的生活有些抠门、寒酸，但这才是真正想攒钱的人过的日子。

如果做不到，就想想我们的父母，上一辈人大多是这样过来的。

这样的办法虽然有些艰苦，但足够踏实，因为这种方式可以攒出来我们大多数人的好日子。

拒绝消费主义、牺牲个人享乐，愿意为了攒钱而付出精力、时间和体力，这样一心攒钱才能攒得下来钱。

大家要知道，这个过程其实并不简单，外界的诱惑非常大。比如“累了就要犒劳自己”“辛苦加班一周需要吃顿好的提提神”，诸如此类的广告非常多。这样的广告之所以深入人心，甚至会让我们产生共鸣，是因为它们撩拨的是大多数人的情绪而不是理性。想想看，在办公室拼了一整天的年轻人，内心一定非常需要认同甚至安慰。“想要的东西，你就要立刻买下来，你值得拥有”，这样的宣传，会让你为自己的情绪化消费而支付额外的成本。

攒钱是一个积少成多的过程，如果存不下来 5000 元，就别想着存下来 1 万元，更别说 10 万元。10 万元在一线大城市可能不算什么，买不了好车，更买不了房。但是这笔辛苦几年攒下来的钱至少可以让你应急，可能会是你的救命钱。

因为，形势比人强。

哪怕只是存了一点点钱，当你累了、不想卷了时，你也能拿着这笔钱离开现在的城市，去一个消费水平低一点的地方过一段自己梦想的生活。但是你先要有 10 万元或 8 万元的存款来支持自己的这个小梦想，而不是被困在现实里，陷入“在压力之下赚钱→为了解压而花钱→身无分文→没有选择余地”的循环中。

攒钱时，我们不用想着这笔钱存着有什么用，放心，它一定有用处。到时候多半你会后悔存少了，而不会感慨自己花得不够多。

所以，不管时代如何变换，能攒钱的都是厉害的人。这些人要么特别能挣钱，要么特别能忍耐。

二、攒钱第二步：做好计划

回忆一下，你是否也曾对存钱、理财有过雄心壮志，积极制定计划，希望能够快速积累自己的第一桶金？

不过，努力了一年半载之后，虽然有了一些积蓄，但是这些钱似乎买不了心仪的汽车，更买不了房。久而久之，你感觉好像还不如中途放弃，毕竟攒钱需要降低当下的消费和自己的欲望，何苦为难自己呢？

出现这种情况，往往是因为我们出发的时候目标就定错了。

（一）目标制定三步法

树立理财目标并不是要确定投资什么理财产品，而是要先明确你到底想过什么样的生活，再考虑金钱可以在其中发挥的作用，也就是金钱如何帮助你去实现这个目标。我们要把金钱看做实现目标的手段和资源，而不是目的。

下一步，就是对我们的目标进行分解，然后规划出执行的时间，认真执行就可以了。

理财目标制定的三步走方法具体如下。

第一步，写下最近三年你想实现的三个目标，并估算需要花费多少钱。

第二步，列出为了更好地实现这三个目标，你要采取的措施，以及在财务上都做了哪些准备。

第三步，搞清楚当下自己的财务状况，计算按照现在的收入增长速度，能否支持自己的目标。

比如，书签客未来三年想要实现的目标是：

买一辆家用汽车，15 万元；

重新装修一下房子，20 万元；

健身，1 万元 / 年。

正在看书的读者，也可以试试看，写下你的愿望或者未来三年的目标。

接下来，我们就来看看为了实现以上三个目标，我有多少预算可以作为基础，以及要制定一个什么样的攒钱计划。

这三个目标有大有小，我先把花费较大的买车和装修房子拿出来，看看未来三年的整体存款目标需要定在多少，然后再看看自己手里现在有多少存款。

假如我现在有 8 万元存款，每年工资能够存下来 5 万元，预计每年节余资金的增长幅度在 10%，要实现买车和装修房子的目标共需要

35 万元，我们来计算一下有多大差距。

第一年：8 万元 +5 万元 =13 万元；

第二年：13 万元 +5 万元 ×（1+10%）=18.5 万元；

第三年：18.5 万元 +5 万元（1+10%）（1+10%）=24.55 万元。

也就是说，如果不考虑理财回报以及其他收入，顺利的话，我三年可以攒够 24.55 万元，距离 35 万元的目标还有大约 10 万元的差距。

虽然距离目标还有一定距离，但是我们从目标出发来看自己的财务规划，才能清晰地发现我们的差距在哪儿、目标在哪儿。

后面要做的就是如何在这三年的时间里补上这 10 万元的差距，实现最终目标。

所以只要有了明确的目标，以及实现目标的方法，那么你就已经走上了财富自由的快车道。

（二）复利原则三要素

刚才讲到，书签客的三年目标是存够 35 万元用来买车、装修房子，经过计算之后，还有约 10 万元的缺口，那么在未来三年时间里，书签客要做哪些事情来实现这个目标呢?

实际上，回到财富增长的本质，我们可以先了解一下财富增长的第一性原理，那就是“复利原理”：

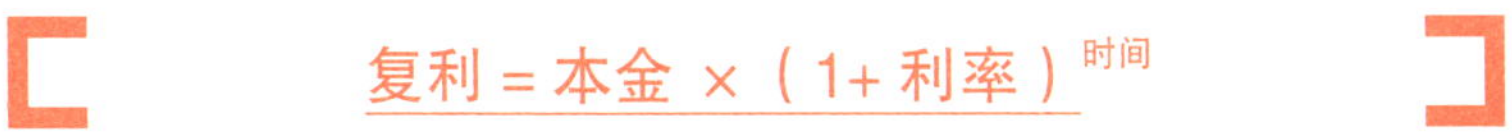

$$复利 = 本金 \times (1+利率)^{时间}$$

因此，要想提升复利的效果，就需要从本金、利率、时间上做文章。

假如书签客可以投资的资金是 3 万元，投资时间是 3 年，投资利率是 8%。

那么，3 年之后的总资产是：

$$3\times(1+8\%)(1+8\%)(1+8\%)\approx3.78\text{ 万元}$$

很明显，距离 10 万元的目标还有差距。

但是，我们已经知道，要想进一步增加财富积累，可以从本金、利率和时间上下功夫。

本金很好理解，就是我们最开始投入的资金金额，我们可以通过建立良好的储蓄习惯，来增加我们的本金投入。

利率方面，我们可以通过学习理财知识、构建自己的投资体系，来提升我们整体的收益率。

时间方面，我们可以更早地开始攒钱和投资理财，甚至在大学期间就可以做相关的工作，越早开始，对我们攒钱越有利

这三个因素跟我们的财富积累都密切相关，但是哪一个跟我们最相关呢？

（三）本金、利率、时间，哪个更重要

我们来尝试比较一下这三个因素的重要性。

第一种情况，我们把投资的本金增加一倍，就是从 3 万元变成 6 万元，同时利率和时间不变，这样一来，复利情况如下：

总资产 =6×（1+8%）(1+8%)(1+8%)≈7.56 万元

第二种情况，我们把利率增加一倍，就是 8% 的利率变成 16%，同时时间和本金不变，这样一来，复利情况如下：

总资产 =3×（1+16%）(1+16%)(1+16%)≈4.68 万元

第三种情况，我们把时间增加一倍，就是 3 年的时间变成 6 年，同时利率和本金不变，这样一来，复利情况如下：

总资产 =3×（1+8%）(1+8%)(1+8%)(1+8%)(1+8%)(1+8%)≈4.76 万元

从上面的计算，我们可以明显看出来，本金、利率、时间都很重要，但如果要在三者之间再做一次比较，本金是最重要的；而时间与利率相比，时间的价值更明显。

尤其是随着投资时间的进一步增长，时间对我们整体复利收入的影响将会更大。事实上，很多投资大师也是在很小的时候就开始接触理财、接触投资的。巴菲特 11 岁的时候就买了人生的第一只股票，可他还打趣地说自己“出道”太晚。因此，从小就开始学习理财知识是我们能够送给自己或者自己子女的最好礼物。

巴菲特曾经开玩笑说：“准备工作很重要，诺亚可不是等到下雨的时候才开始打造诺亚方舟的。”时间就是金钱，时间会让你的口袋越来越鼓，关键在于你如何利用它的价值。所以越早投资，复利的神奇力量就会越大，获利也就会越多。

如果你想开始攒钱，即使本金很少，也要尽快、尽早开始，因为你开始得越早，复利收入就会越多，时间就越会站在你这一边，真正成为你的朋友。

（四）你的目标、你的人生

没有目标的攒钱都是不会持久的，只有有了目标，我们攒钱的行为才会有动力。攒钱是给未来的自己做更多的准备，也是给未来的自己更多可能。

所以，每月发下来工资之后，我们要先存钱，再用剩下的钱来安排日常开销，即“收入 – 储蓄 = 支出”。

具体来看，比如房租、交通费、水电费、网费等是必须要支付的，对于新款衣服、新式手机的购买就需要提前规划一下，考虑一下是自己需要还是自己想要。花钱是一门学问，我们虽然不一定能做到用最少的钱买最需要的东西，但是我们可以学会货比三家和利用各种优惠，这样日积月累省出来的也是不少的一笔钱。

人生最好的状态既不是一马平川的直线，也不是大起大落，而是一条稳步上升、有一些波动起伏的曲线。一马平川多少有点平淡和枯燥，而大起大落又会让我们的心理产生巨大的落差，对个人的承受能力是极大的考验。因此，最好的状态就是，我们在一生中，一方面始终不偏离上升的主线，另一方面又能够通过支线来不断丰富和充实我们的生命。

主线是我们生活的主要目标，包括家庭、事业、健康等，它们占我们生活的权重大，需要我们持续地经营、维护。支线就是除了前面提到的东西之外，可以不断给我们的生活带来满足感、成就感和愉悦感的事情，它们使得我们有更多的积极情绪，会让我们感受到激情、喜悦。

主线与支线有机地结合起来，我们的生命才会是丰富而充实的。一次量变不必然导致质变，但是质变一定来自量变。在正确的方向上，你每做一件事情，每付出一次努力，无论它多渺小，都会为最终的质变增加一点点概率。

（五）好用的记账小工具

记账是我们对生活的复盘，是对自身行为进行观察、认知和优化的过程。需要指出的是，记账并不是要求你把每天所有的消费事无巨细地全部记录在案，而是要遵循输入、回顾、分析和规划这四个环节的顺序来做梳理。

从日常看，输入的工作量最大，也能够让你及时知道这一天的主要开销在哪里；回顾和分析能够让你意识到有时候一天中花掉的 50% 甚至更多的钱其实不必支出，比如购买碳酸饮料或者咖啡等；规划起着次日的“提醒”作用。

当然，除了方法，我们还需要一些工具来支持我们做这些事。

大家每天用得最多的 App 多半可能是微信，其实微信里有很多理财的小工具。比如“微信记账本”小程序，大家在小程序里直接搜索名称，就能够启动微信记账本。每次用微信支付的时候，这个小程序都能在微信记账本里自动记录，不用自己再手动添加了（见图 2-1）。

图 2-1　微信记账本小程序

从这些记录中，我们可以看到自己每天通过微信在什么时间、什么地点、花了多少钱。

同时，微信记账本还可以按照月度进行汇总，通过自动分类来显示每个月你把钱都花在了什么地方（见图 2-2）。

当然，这个小程序还有一个比较好的功能，可以提醒你什么时候该缴费了，比如房租、水电费等，这些必要花销都可以在小程序里进行提醒设置，非常方便（见图 2-3）。

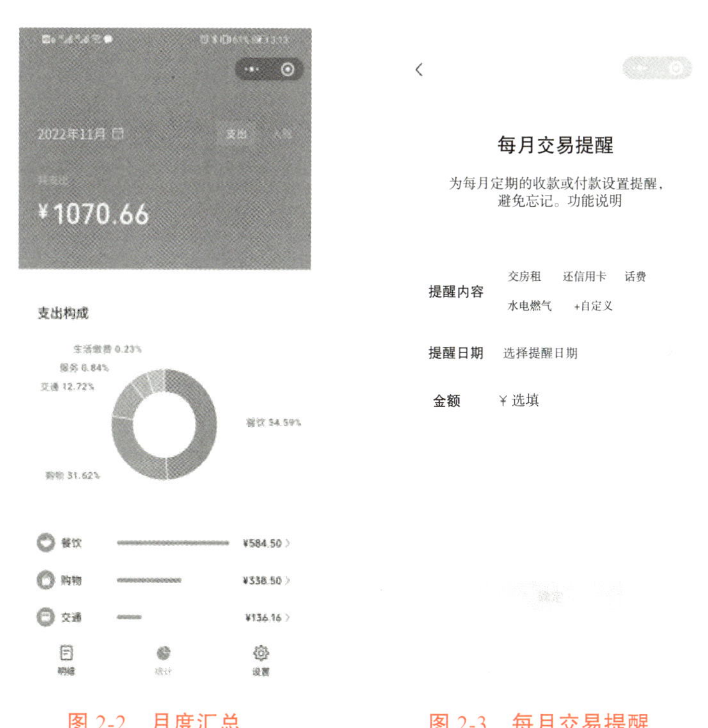

图 2-2　月度汇总　　　图 2-3　每月交易提醒

三、攒钱第三步：告别“月光”

“月光”是我们每个人攒钱的第一个拦路虎，但它只是“纸老虎”。

很多人每个月工资发下来，马上就要还信用卡、还车贷、还房贷，还要支付家庭日常开销，有孩子的朋友还要支出一笔奶粉钱。基本上，每个月也剩不下太多的钱。

那么，我们普通人真的一点攒钱的希望都没有了吗？

显然不是，我们不能就这么稀里糊涂地打理自己的钱。要告别月光，我们只需要 5 个步骤，下面书签客给大家详细拆解一下。

（一）为财富蓄水池蓄水

攒钱的最大优势就是，提升生活的容错率。

上学的时候，我们经常遇到这样的题目：一个水池有两个水管，一个是入水管、另一个是出水管，两个水管同时开，要多久才能把水池注满水？

当时我曾想，为何有这么奇怪的事情，有入水管，为什么还要出水管？直接把出水管关了不就行了？等到自己工作了才发现，这道数学题说的不就是我们每个人的生活吗？

入水管是我们每个月的收入，出水管是我们每个月的花销，两者相减就是我们能够存下来的钱，也就是我们能够在水池里真正注入的水量。而且现实生活可能会更真实，还需要考虑 CPI 上涨因素，类似于水池里的水被太阳晒得蒸发一样。

因此，我们要做的事情就是，让入水管的水量大于出水管和蒸发的水量，只有这样我们的水池里才能有水存储下来。

（二）优化你的收支结构

你有没有详细梳理过自己每个月的支出情况？比如基本的衣食住行开销是多少？购物、外出用餐花费多少？

一般来说，大多数人的收入主要有以下四个去处。

日常必要开销：比如每天的三餐费用、交通费、房租和水电费等。

非定期必要开销：比如逢年过节给父母的钱、旅游费用等。

非必要开销：比如购买的奢侈品、经常喝的咖啡和奶茶等。

储蓄：每月剩余的钱。

那么，这些支出要怎么分配才算比较合理呢？

日常必要开销：占收入的比重最好不要超过 50%。如果你的日常必要开销超过 50%，甚至达到 80% 或 90%，那么你就要看看到底是哪些细项花费过多，并适当减少；同时也要把努力的重点向提升自己的收入水平上倾斜。

非定期必要开销：最好不超过 15%。

非必要开销：最好不超过 10%。

储蓄：占比最好不低于 25%，越多越好。前面的章节也介绍过，当前的年轻人多半把工资收入的 30% 存下来，读者们也可以试试看（见表 2-5）。

表 2-5　各项支出的分配比例

序号	类别	占比	要求
1	日常必要开销	50%	越少越好
2	非定期必要开销	15%	
3	非必要开销	10%	
4	储蓄	25% ~ 30%	越多越好

（三）找到你的“拿铁因子”

“拿铁因子”这个词来源于一个故事，讲的是一对夫妻每天早上都要喝一杯拿铁咖啡。一杯咖啡看似花销很少，但是 30 年累计下来，竟然花费了这对夫妻 70 万元。

因此，“拿铁因子”就被用来比喻生活中可有可无的下意识支出。比如刚才说的咖啡，还有奶茶、因为促销而买回来的衣服、不怎么用的健身卡等，都属于这一类。

书签客也有自己的“拿铁因子”，比如我每周都要约朋友一起吃饭，尤其是在工作日的中午，经常以交流感情、认识新朋友为理由进行聚餐。一顿饭花费少则一两百元，多则四五百元，实际上这些社交可以换成其他很多形式，比如在公司的茶水间里交流，或者在公司楼下的花园里散步、在书店里喝杯茶等，相信开销一定要比吃饭便宜很多。

因此，即使像我这样自认为很节俭的人，生活中也存在一些“拿铁因子”，我们要做的就是找到它们，并把它们从我们的开销中缩减，甚至拿掉。下次再买东西的时候，我们可以多问自己几遍，这件物品是不是自己“需要、喜欢、适合”的，要把自己真实的需求放在核心位置。

（四）优先支付自己

存钱，对于现在的很多人来讲，是一件紧迫并且重要的事情。

我们不知道危机什么时候会到来，或许我们已经不知不觉地身处危机之中；我们也不知道明天和意外哪个会先来，能做的就是把自己的安全垫增厚、增厚、再增厚。

既然我们要存钱，那么要存多少合适呢？

存钱并非让大家勒紧裤腰带，做葛朗台一样的守财奴，而是在不影响我们当下生活质量的基础上，不断积蓄我们生活的自信和胆量。

这就需要我们先支付自己。

我们的工资，往往并不是先支付给我们自己的。

想想看，每次发工资，税前收入和税后收入差别是不是很大？那是因为，企业在支付我们工资的时候，首先要把个人所得税、五险一金等扣除，剩余的才支付给了我们。

我们的消费也是一样：在商场或者网上购物，是把钱支付给商家；还信用卡，是把钱支付给银行。想想前面提到的各种必要和非必要开销，其实都没有支付给我们自己，而只有存钱，才是真正把钱支付给我们自己。

过去，我们拿到工资之后的流程多半是这样的：存钱 = 工资收入 – 必要开销 – 非定期必要开销 – 非必要开销。最后剩多少钱，就存多少钱。但是，如果你想按照书签客的方法攒钱，那么就要先支付你自己。存钱的模式也要改变，那就是：

必要开销 + 非定期必要开销 + 非必要开销 = 工资收入 – 储蓄

也就是说，在拿到工资时，你需要先支付自己，把要存的钱先存好，剩下的钱再用于各种开销。

先支付自己，仅仅是一个小小的思维转变，每个人都可以做到，但是这个小小的转变，会帮助我们存下来更多的钱，还能在不知不觉中，帮助我们消灭一些“拿铁因子”。

（五）按照 10/50 法则存钱

关于存钱，书签客还有一个比较好的法则介绍给大家，那就是 10/50 法则。

什么是 10/50 法则呢？

对于没有存过钱，或者经常月光的人来讲，一下子让这些朋友把工资的 30% 甚至 50% 存下来，未免难度太大。但是如果这些朋友还是想开始自己的攒钱之旅，那么要怎么办呢？

很简单，我们可以从存下工资收入的 10% 开始。把 10% 的工资收入存起来，对于大多数人来讲，不会影响生活质量，可以作为一个入门的存钱比例，也更容易让人接受。慢慢地，我们可以把这个比例进一步增加，最后变成 30%、50%，具体可以根据自己的情况来制订计划。书签客认识的一个朋友甚至可以把自己工资的 70% 都存下来。

除了工资之外，其实我们经常还会有一些其他的收入。比如，发了年终奖；季度考核很不错，老板发了红包等，那么这些钱要如何处理呢？全部存下来，未免对自己太苛刻；如果全部都花了，好像又有点可惜。

所以，这里书签客就要再讲解一下“10/50 法则”里的“50”。

就是说，对于这些非工资收入，我们可以把其中 50% 的钱存起来，剩下的钱可以用在改善自己的生活品质上，也可以小小地奖励一下自己，犒劳一下自己的辛苦付出。

[10/50 法则：对于工资收入，我们可以从 10% 的比例开始存钱；对于年终奖、意外收入，我们可以把 50% 的钱存下来。]

四、攒钱第四步：用好攒钱的辅助工具

（一）货币基金，消费、还信用卡两不误

货币基金是大多数人理财的起点，我们最熟悉的余额宝就属于货币基金。但是随着市场利率越来越低，目前的货币基金收益率大多只有 1% ~ 2%。

不过，货币基金还是有它的价值的，虽然收益率不高，但是可以成为我们日常存钱、消费、还信用卡的好帮手。

货币基金风险很低，主要投向了国债、银行定期存单、政府短期债券等较安全的产品。因此，大家可以关注一下自己工资卡的银行，每个银行都会有针对工资账户的货币基金，大家可以在发工资之后直接购买这些货币基金，需要支付、转账、信用卡还款的时候，不需要赎回货币基金，直接可以操作。

也就是说，目前有些货币基金申赎非常灵活，随时可以取用，同时还能够享受风险极低的投资收益，非常适合大家储存用于日常生活

支出的资金。

现在就打开你的工资卡银行 App 吧，寻找一下对应的货币基金，虽然收益不多，但是几个月帮你多赚一顿饭钱还是可以的。

（二）互联网活期理财，管理几个月后要用的钱

除了随时可以申赎的货币基金，我们有时候还会有一些暂时不用但是过几个月需要花的钱。比如要交的房租、准备旅行的钱等。这些钱一两个月内用不上，建议不要仅仅放在活期账户里，完全可以买入一些理财产品。

因为这些钱只要在未来某个时间点能够取出来用就可以了，不像我们用于吃饭、坐地铁的钱那样频繁地使用，所以对存取的便捷性要求不是那么高，我们因此可以选择收益率略高一点但灵活性差一点的理财产品来打理这部分钱。

这类产品很难像货币基金那样随存随取，但是通常可以做到在买入的第二天就开始计算收益，在约定可以赎回的时间点赎回。尤其是对于已经确定好用途的钱，在短期内不需要支付的时候，可以考虑买入这类理财产品。总体来说，如果我们对这些钱有很好的规划，是可以获得较好的收益的。

（三）怎样买到可靠的银行理财产品

其他一些传统的银行理财产品虽然没有互联网公司的理财产品那

么为年轻人所熟知，但是很多银行理财产品的收益率并不低。

那么，怎么才能找到比较靠谱的银行理财产品呢？

凡是正规的银行理财产品，都会有一个编码，一般是以大写字母C（由银行发行）开头的14位或者15位编码。认准这个编码，至少我们不会买到假的银行理财产品。

同时，为了方便老百姓对理财产品的真伪进行鉴别，金融监管机构指定了“中国理财网”作为全国银行业理财产品信息的查询网站，大家可以在上面进行查询、鉴别（见图2-4）。

图2-4 中国理财网界面

这个是官方网站，大家可以放心查询和使用。

（四）国债——不仅适合老年人

国债在有些年轻人眼中是过时的金融产品，但实际上国债不仅是一种存钱和投资方式，更是我们了解整个国家经济发展策略的一种有效途径。

购买国债本质上是我们把钱借给国家，国家的信用显然要比个人或者一般的企业高很多，所以国债可以说是安全性很高的投资产品。

国债主要有三种，分别是记账式国债、电子式国债和凭证式国债。普通投资者可以重点了解一下凭证式国债和电子式国债（见表2-6）。

表 2-6 两种主要国债的相同点和不同点

国债名称	相同点	不同点
电子式国债	可提前兑取，但需要支付手续费	每年付息，最后一次付息时偿还本金 计复利
凭证式国债		持有期间不付息，到期一次性还本付息 不计复利

我们从上面的表格可以看出，电子式国债和凭证式国债的主要区别在于付利息的方式以及是否会计算复利。同时，电子式国债每年都会支付利息，我们还可以拿这些利息做其他投资。

总的来看，国债有以下几个特点。

1. 具有存钱与投资的价值

买入国债，相当于我们把钱借给国家，之后可以收到稳定的收益。一般来讲，国债的收益率要高于同期的银行定期存款。目前（2022年）3年期国债的年化收益率在3.5%左右。即使我们没有专门去买国债，实际上我们购买的货币基金、债券基金等固定收益类产品，它们也都会配置一定比例的国债。

2. 可以作为市场无风险收益率的基准

无风险收益率决定了我们追求的投资回报最低应该是多少。那么这个数字该如何确定呢？实际上，我们可以通过观察国债的利率来确定。前文说过，买国债相当于把钱借给国家，风险非常低，所以国债又被称为“金边债券”，就是镶嵌着金子的债券。因此，国债的收益率可以理解为基本没有风险。

3. 了解国家财政政策

从每年国债的发行量和用途等信息中，我们可以看出来国家的财政政策，比如 2007 年我国发行的国债达到 2.35 万亿元，高出其他年份，很明显可以看出当时国家的财政政策很积极，需要筹措资金进行基础设施建设、需要发挥“集中力量办大事”优势的领域非常多。如果对应地再看看当年的新闻，我们会发现当时国家正在实施西部大开发、青藏铁路、西电东送等重大工程。

4. 适合在降息周期买入

实际上，国债的收益率并不高，把所有资金都投入国债并不划算。但从资产配置的角度来看，我还是建议配置一部分国债，比例可以是你所有投资资金的 10% ~ 30%。国债风险较低，是可以起到避险作用的。买国债能提前锁定收益率，所以我们可以在降息周期里购买国债，这样就能够提前锁定长期收益。

同时，如果你经常管不住自己，会大手大脚花钱，那么国债也是一种好的攒钱方式，虽然也可以提前取出来，但是不到期取出来只按活期的利率付息，非常不划算。因此，如果你想认真攒钱，同时又想获得稳定的低风险收益，那么买入国债是一个比较好的选择。

（五）什么是国债逆回购

说完了国债，我们再来看看什么是国债逆回购。

国债逆回购其实是一种短期贷款。购买国债逆回购的一方把资金借出去，获得固定的利息收益，而另一方用自己的国债作为抵押，从而获得这笔借款，到期后还本付息。也就是说，国债逆回购是一种低风险的投资方式，与买国债类似，都是把你的钱借出去从而获得收益。

那么国债逆回购和国债有什么区别呢?

国债逆回购其实是把国债当作抵押物，这保证了借款的低风险性。但是国债逆回购的借款对象不是国家，而是国债持有者。另外，与国债动辄 3 年、5 年的投资期不同，国债逆回购是短期借款行为，比如 1 天、3 天、7 天逆回购等。而且国债逆回购的利率是随时变化的，遇到市场流动性紧张的时候，国债逆回购的利率会非常高。

但是长期来看，国债逆回购的平均利率并不高，它更适合在证券账户里有资金闲置不用的用户用来作为现金管理工具。

那我们如何才能进行国债逆回购操作呢？

要想进行国债逆回购操作，首先我们需要开立一个证券账户，只有开通了证券账户，我们才能进行国债逆回购交易（见图 2-5）。

国债逆回购

深市　　沪市

品种	年化收益率(%)	每10万收益	资金可用	计息天数
1天期 R-001 131810	2.120000	5.81	05-09	1天
2天期 R-002 131811	2.050000	11.23	05-10	2天
3天期 R-003 131800	2.045000	16.81	05-11	3天
4天期 R-004 131809	2.050000	33.70	05-12	6天
7天期 R-007 131801	2.105000	40.37	05-15	7天
14天期 R-014 131802	2.130000	81.70	05-22	14天
28天期 R-028 131803	2.225000	170.68	06-05	28天
91天期 R-091 131805	2.250000	560.96	08-07	91天
182天期 R-182 131806	2.220000	1106.96	11-06	182天

图 2-5　国债逆回购界面

如图 2-5 所示，国债逆回购的买、卖操作比较简单，起购金额为 1000 元，因为是短期资金管理，所以收益率一般不高，但是在周末或者节假日之前几天买入，收益率会较高。

五、攒钱第五步：固定收益类投资帮你存钱

（一）“固收 +”是什么投资产品

什么是“固收 +”类的理财产品？从字面意思上来看，我们可以把“固收 +”拆成两个部分：“固收”和“+”。

“固收 +”理财产品主要投资的是固定收益类产品，基本上就是债券类资产，风险相对较低，这构成了投资的“稳定”部分；剩余的部分是“+”，是一些相对风险比较高但是收益率也可能较高的产品。比如，股票、可转债等，这部分主要是为了博取一定的高收益，力求整体收益率可以超越货币基金和短期银行理财。

因此，有理财专家把“固收 +”称作“蛋炒饭”。蛋炒饭大家都知道，主要成分是米饭以及鸡蛋和葱花等配料。在“固收 +”里面，“固收”对应的就是白米饭，踏踏实实为我们获得稳定的收益，解决基础问题；“+”负责增收，就像葱花和鸡蛋，虽然不是很多，但却是点睛之笔，一下子让这碗饭香了很多。

因此，大家会发现，“固收 +”类产品其实就是一个微型的投资组合。目前很多基金公司、券商和银行都在布局“固收 +”的理财产品。

一般情况下，“固收 +”类产品中，债券占比在 80% 以上，用以获得低风险稳健回报；股票占比在 20% 以下，用来把握股市反弹。

（二）“固收 +”类产品如何筛选

“固收 +”类理财产品虽然兼具投资组合的特点，但并不是没有风险，投资过程中也会有波动。哪怕是“固收”部分的债券，价格也可能会下跌。

当然，“固收 +”的收益波动和混合基金或者股票基金相比，还是小很多的。如果能够进行严格的筛选，“固收 +”类产品的总体风险是可控的。因此，书签客下面给大家总结了三个挑选“固收 +”理财产品的原则。

第一，规模不能太小。如果投资的“固收 +”类基金规模小于 2 亿元，那么这类基金很有可能会被清盘，遇到市场大跌的时候，投资人会大量赎回。因此我们在做筛选的时候要避免选择小规模的基金。

第二，重点考察基金公司和基金经理。“固收 +”产品不但投资债券市场，还会投资股票市场，同时非常讲究股票和债券的配合。因此，我们需要选择优秀的基金经理，最好选具有超过三年管理经验的基金经理。经验多一点，遇到市场波动时，基金经理的应对方法和策略也会更多样。

第三，关注产品中的股票投资占比和最大回撤。在“固收 +”产品中，股票占比越多，波动和最大回撤也就越大。这类产品的最大回撤，表现好的可以控制在 2% ~ 5%。这和一些主动型基金动辄 30% ~ 50% 的最大回撤相比，简直是小巫见大巫。大家可以根据自己的风险承受能力，选择不同股票比例上限的产品。

“固收 +”类产品的本质，就是一种资产配置组合。用相对稳健的“固收”产品做基础，再“+”少量股票博取高收益的投资策略，可以尽量让持有者多赚一点，同时还能踏实放心。

我们无法预测市场的变化，但是做好股债配置，会让我们站在一个比较舒服的位置上，更好地应对风险变化，安心地把钱攒下来。

如何开源——副业赚钱并不难

每天早上 7 点起床，洗漱完毕后坐 1 个小时地铁到单位，路上顺手买一份早餐，9:30 准点打卡上班，庆幸没迟到。坐在格子间里开始一天的工作，忙忙碌碌地一转眼到了晚上 8 点多，还不能下班，因为晚饭能报销，9 点以后公司还有免费打车福利。

想想看，以上是不是你的上班状态？也许你还在庆幸占了公司免费晚餐和打车的便宜，但是每个月付完房租和各项生活开销之后，你才发现，自己的工资能够留下来的少得可怜。

那么，这里有什么不对的地方吗？工作这么辛苦，起早贪黑，甚至披星戴月，可为什么还是赚不到可以积累下来的钱呢？

如果你也是上班族的一员，那么你就要思考一下：正在上的这个班，是在赚钱还是在耽误自己赚钱呢？

一、开辟“第二收入”，找到你的副业

在这段全球都在过紧日子的时期，要想熬过经济下行周期，每个

人都要培养自己的一技之长，并且通过这个特长来开辟第二收入，也就是我们经常说的做副业赚钱。获得第二收入的方法其实没有那么复杂，这还要感谢我们这个时代：互联网开放平台和数字化工具可以让创作者更容易施展自己的才华。你不是一定要成为全国、全市第一才能获得第二收入。只要你在某些领域强过周围的1000人或者得到足够的人对你的关注和认可，那么你这种“强”或者“吸引”，就可以让你获得一定的收益。

同时，第二收入能让你在选择主业时视野更加开阔，因为你无须再要求过高的主业收入。

虽然这句话可能让你有些不适，但是事实就是：过高的职业收入是影响个人快速进步的一大障碍，因为这会让你纠结，在看到好机会时犹豫不决，陷于两难境地无法取舍，从而难以做出明智的选择。

真的是这样吗？我们来看看当你只有一份职业收入的时候，会面临哪些风险和挑战。

1. 工作缺少安全感。有层出不穷的新人比你年轻，精力比你旺盛，更重要的是，工资要求比你低；虽然现在能力不如你，但是他们每天可以比你多花3个小时在公司加班，反正单身或者丁克，回家也不用带娃；更要命的是，大家都想升职加薪，但是在职场金字塔中，任何时候能上升到上一级的都只是少数人。

2. 时间让你很焦虑。一方面，你缺少自己的时间，世界再大，你也没有时间去看看，大部分人想做但是做不到的就是来一场“说走就走的旅行”；另一方面，你的年龄成了自己心里的隐痛，一不小心过了 40 岁，即使别人不说，心里也会开始焦虑起来。

3. 钱总是不够花。收入增长能赶上货币发行量增长速度的人并不太多，但是花钱赶上甚至超过货币发行量增长速度的人比比皆是：开始是只养自己，后来是疼老婆，接着是养一孩、二孩甚至三孩，同时还要养老人，个个都是硬性开支。

这些就是只有一份收入的时候，我们会面临的问题。为了更好地应对这些现实问题，我们需要为自己打造一个由三份收入构成的赚钱体系。

第一份收入：你的本职工作收入。这项收入就是稳定的现金流，让你能够从容地付房租 / 房贷、车贷、每日饭钱、小孩的奶粉钱等。这是你日常生活最重要的经济来源。

第二份收入：是在盈利和时间上完全不与本职工作冲突的额外收入。你是为你自己工作，当自己的老板。那么第二收入获得的钱用来做什么呢？它提供了一种资金来源，可以让你把钱再投入到自己的各种兴趣中，激发你产生更大的热情去发展自己的第二收入，从而获得更多的收益。比如书签客的一个粉丝对演讲很感兴趣，通过教授别人演讲的技巧，从开设线下课程、培训班到开发线上付费课程、运营公众号、出书等，她获得了不错的收益，然后她又把资金不断投入到培养自己的这个特长中，让自己在演讲方面的能力精益求精，这最终将给她带来更大的财富。

第三份收入：投资理财产生的收入。本职工作和第二收入都是“加法”，一个月一个月地挣钱，只有投资的收入有可能实现指数级增长，增幅可以不断扩大。

总结一下就会发现：

本职工作的收入，可以用来满足基本生活所需；第二收入，可以用来持续发展自己的特长和兴趣，再进一步扩大第二收入，以满足自己的精神需求和长期发展的需求；投资收益，可以使我们免除老无所养的焦虑。

三种收入，三足鼎立，缺少任何一个，人生之舟都会不那么平稳和轻快。

需要指出的是，每个普通人都很容易受到眼前利益的蒙蔽和困扰。比如书签客的一个粉丝小唐，就是典型的例子。

小唐在一家互联网大厂工作，工资不多也不少——说多，足可以养家糊口；说少，赚的钱不足以改变命运。这种水平的收入最具迷惑性，它会让你受困于这种既得利益，仿佛是温水煮青蛙，让你觉得自己比上不足比下有余，在一次次机会面前，摇摆不定，最终失去突破自己的机会。所以，人这一生最怕的是时间花出去了，赚了点小钱，但见识和认知没有增长。小富即安是人生自由和精神自由的最大敌人。

很多人会有宿命论，尤其人到中年之后，会觉得自己的人生早就在冥冥中注定了。但我们还是应该在一生中为自己定下一个最高目标，那就是改变命运。即使不能完全改变命运，也可以先尝试看看能否改变其中的 5%、10%、15%。要知道，你的心力就是你的命，你的认知就是你的福运。

只有不断地积累改变，才能有机会实现翻盘。

二、做副业前，你要掌握的三个理念

（一）折现

折现的意思就是，把未来的收益折合成现在的价值。如果有一个人和你说，现在给你两个选择：一个是现在就给你 100 万元现金，另一个是 1 年后给你 200 万元现金，你会选择哪个？也许你会犹豫，是选择现在拿到 100 万元落袋为安，还是说再等 1 年？

事实上，很多人会选择现在拿钱，根本等不到 1 年后。

这就是折现，大多数人仅仅会因为时间的流逝而改变自己的选择，“今朝有酒今朝醉”是很多人真实的写照。

比如，明天再健身，先玩一会儿游戏；再比如，明天再看书，先看会短视频等。

书签客的一个粉丝，对自己的认识非常清醒。他在不到30岁的时候，就早早明确了自己想要做的事业：

1. 阅读写作；

2. 性格分析；

3. 创业。

于是他开始每天记录自己在这3件事情上投入的时间。经过5年，他发现在这3件事情上投入的时间分别为：

1. 阅读写作，7097.5小时；

2. 性格分析，9103小时；

3. 创业，9027.5小时。

很明显，这位粉丝想要的不是现在的100万元，也不是1年后的200万元，而是5年后的1000万元。

因此，如果现在你对自己的生活感到迷茫，或者有很多困惑。那么你需要把时间放长远一点，想象5年、10年后你的生活会是什么样子：你会在哪里，做什么工作，家庭会是什么样子，积累了多少财富，你的财富结构又会是什么样？

很多短期想不明白的事情，从10年之后的角度来考虑，就可能豁然开朗。

时间对财富的侵蚀主要体现在通货膨胀上，而真正的财富来源于那些能够战胜时间的东西。我们的策略就是，用今日的资源，包括时间、精力和资金，去换取那些能战胜时间、不断产出更高价值的东西。

（二）机会成本

关于机会成本，有一则关于巴菲特的故事。

巴菲特曾认识一个私人飞机驾驶员麦克，麦克曾经为 4 位总统开过飞机。当他遇到巴菲特的时候，想请教这位股神如何更好地规划自己的人生。

巴菲特让麦克写下对他职业生涯非常重要的 25 件事情，麦克花了一段时间写完了这 25 件事。

之后巴菲特让麦克在这 25 件事情里，圈出 5 件最重要的事情。麦克感到吃惊又犹豫，毕竟 25 件事情就已经让自己左右取舍了很久，现在要圈出来 5 件最重要的事情，更是难上加难。

但是麦克还是照做了，虽然花费了更多的时间。

于是麦克手里有了两份清单，一份是最重要的 5 件事，另一份是非常重要的 20 件事。

之后，巴菲特说："这 5 件事情的清单我就不多说了，但是我想问，你会如何处理另一份清单上的 20 件事呢？"

麦克说："我会把这 5 件最重要的事情列为最高优先级，再用剩下来的时间去处理后面这 20 件事情。"

巴菲特说："你错了！这20件事情，你应该不惜一切代价避免去做。除非你完成了那5件最重要的事情，否则不要让这20件事情占用你的任何时间和精力。"

从这个例子中，我们可以学习到什么是机会成本：那就是需要为得到你最喜欢的事物而必须放弃的其他你喜欢的事物。

同样，石油大王洛克菲勒也曾经教育自己的孩子，把做医生的梦想简化为2～3个大目标，不要让各种小目标占据自己大量的时间。

上天是公平的，我们每个人每天都只有24小时。

你可以做任何你想做的事情，但是你永远不可能做所有你想做的事情。

（三）沉没成本

沉没成本就是已经发生的无法收回的成本，它是过去的成本，不应该影响当下和未来的决定。

比如，你买了一张电影票，但是很不幸弄丢了。那么你会再买一张电影票，依然非常开心地去欣赏电影吗？还是会因为出了两倍的价钱，生着气看完电影？

因此，不要让过去或者现在的任何事情，成为你未来选择的束缚。

心理学上有一个名词叫作“摇椅法”，意思是想象一下自己 90 岁了，在自家门口的摇椅上晒太阳，回顾此生，那些你做了或者没做的事情，什么是你后悔的呢？

然后，现在就去做那些不会让你未来后悔的决定。

三、寻找你的“第二曲线”

（一）企业家的三种赚钱模式

要想提高赚钱的能力，最好的办法就是向最善于赚钱的企业家学习。那么，创业的人是如何赚钱和花钱的呢？

如果你想创业或者拥有多个收入来源，那么你在开始前就要问自己两个问题：

1. 能否把所有事情都看做是一种投资？
2. 能否把衡量个人发展的标准聚焦在收入以外的选项上？

对这两个问题，如果你的答案都是否定的，那么创业成功的可能性就比较低了。

事实上，在我们的生活中，大部分事情都可以用投资的眼光来看待：成长是用自己的注意力给自己投资；婚姻是双方共同投入自己的各种资源去创造一个更好的家庭；工作是投资，创业也是投资。

当然，投资的回报不仅仅只有收入这一项，尤其是从个人发展的角度来看，重要的指标至少有三项，分别是见识、能力和收入。从优先级的角度来看，见识的重要性高于能力，能力的重要性高于收入。即使是看收入，也不要仅仅关心现值，而要关心增速。收入水平大家都看得到，但是过去和今日的收入并不决定未来的收入，是收入的增速决定了未来的收入。

那么企业家到底是如何赚钱的呢？这里的核心就是商业模式。

王立新老师在《钱从哪里来？》一书中，将常见的商业模式归纳为以下三类，我们来逐一分析一下。

1. 专注于同一类人的需求

迪士尼刚起家的时候只是一个动画片小作坊，目前迪士尼营收结构中排名前三的版块分别是电视和网络业务、迪士尼乐园度假村，以及电影娱乐版块。对于“米老鼠系列”《冰雪奇缘》《玩具总动员》相信大家都不陌生，上海的迪士尼乐园永远人山人海。那么迪士尼成功的秘诀是什么呢？这里面最关键的就是，迪士尼始终专注于同样一群顾客，那就是儿童，业务布局是按照儿童的不同需求进行多元化扩张发展的。

所以，迪士尼的商业模式是，永远赚同一类人的钱，尽量满足他们所有的需求，这种跨界多元化经营的模式更容易获得成功。

2. 专注于同一种服务的需求

宝洁从创立至今已经有 180 多年的历史，主业是化学日用品，比如玉兰油、海飞丝、佳洁士等，我们经常在超市里见到的日用品品牌，很多都是宝洁出品。所以你会发现，宝洁开发了很多品牌来满足人们的健康和清洁需求，并针对不同年龄、不同性别的人群进行营销，可以看出宝洁满足的是用户对健康和清洁的需求，它也只赚这种需求的钱。

也就是说：

宝洁专注于同一需求，满足不同人群。

3. 专注于自己能力圈范围内的需求

股神巴菲特大家都很熟悉，他掌管的伯克希尔和哈撒韦公司主要业务其实是保险，那么巴菲特的保险业务是如何挣钱的呢？

巴菲特把保险业务积累的“浮存金”（公司预先收取的保费，等到出险的时候，会用其中的一部分资金来支付赔偿），拿去投资其他优质的公司，通过控股或者收购的形式获取股权，最终赚取企业业绩增长的钱。

当然，以钱生钱说起来很容易，但实际操作起来并不比迪士尼模式和宝洁模式容易，所以三种模式各有各的特点和优势。

事实上，能够依靠成功创办企业赚钱的人毕竟只是少数，但我们仍然可以从这些企业的赚钱模式中获得一些启示，改变我们对赚钱这件事的认知，进而改变自己的人生。

（二）关于“现金流”的三个认知

1. 工作中的现金流

大部分白手起家的人，都是从一份正常的工作开始的，但是很多普通人经常忽视这第一份工作的重要意义。

说到工作，大家想到的第一件事情就是——工资收入。在每个月的固定时间，你的银行卡上会多出一笔钱，这就是我们大多数普通人的主要现金流。

现金流是企业的血液。大家都知道京东、亚马逊这样的电商企业曾经常年不盈利，但是依然活得好好的，一直处于快速扩张阶段。为什么会出现这种情况？事实上就是因为它们有充足的现金流，即使不盈利，也可以活得很好，毕竟这类电商类企业做的就是现金流的生意。

回归到个人身上，我们会发现，只要工作业绩不太差，每个月就都可以固定领到一笔钱。这个预期太重要了，正是因为有这样一个预期，你才敢去租房子、买车甚至买房。只要你有工作，那么你的消费、家庭、婚姻、养老计划都是可以建立在稳定现金流的预期之上的。

因此，全职工作岗位对于大部分人来说，是一生中唯一能产生稳定现金流的地方，这才是工作最大的意义。

2. 创业中的现金流

那么做生意创业呢？事实上，做生意和创业，也和现金流有关系。只不过这里面有一个前提，那就是大部分人选择创业主要是由于现金流的边际效用递减。

比如说，你工作一年的收入是 10 万元，个人可以投资的资产是 5 万元；工作 15 年之后，你的家庭年收入是 60 万元，家庭可投资资产达到 500 万元。

从上面的数值可以发现，工作第一年，工资收入的现金流是你个人可投资资产的重要来源；但是工作 15 年之后，工资收入对个人投资资产的占比仅有 12%。也就是说，随着年龄的增长，工资收入现金流对你的作用也会降低，此时可以考虑创业。

需要指出的是，经营企业获得的经营性现金流要比自己上班时的收入高出几十倍才是合理的。因为企业的收入多半要用来给员工发工资和支付各种成本，真正能够变成企业主个人现金流的只是其中的一小部分。

正是由于这个原因，很多创业者其实是在给员工打工，为员工的工资现金流辛苦奔忙。

3. 花钱过程中的现金流

很多人都非常在意如何挣钱，事实上如何花钱也需要认真对待。对于企业来讲，支出项的价值更加广泛，生产成本和各种费用关乎上游供应商的利益，税收是为国家提供价值，即便是做公益的投入也是完善了整个社会的互助体系。

获得现金流是为了活下去，支出才是企业价值最大化的体现。

针对个人也是一样：

> 我们可能永远都走在通往财富自由的路上，所以认真花好每一分钱，其意义并不亚于“如何赚到更多钱”，它们共同组成了我们人生价值的主体部分。

四、副业，从挖掘自身开始

（一）定制自己的“能力手册”并保持更新

你有哪些能力？可以列出来1、2、3项吗？

如果列不出来，那就需要为自己定制一个“能力手册”了，记录下来自己有哪些能力，做过哪些比较不错的项目，甚至可以找朋友一起帮你复盘，更加客观地认识自己所擅长的领域。

当然，定制“能力手册”并不是最终目的，而是为了更好地自我成长。

很多工作岗位目前都有被新的人工智能技术替代的可能，如果从事这些岗位的人无法做到持续成长的话，很快就可能被替代。只有在相关领域足够精通，再加入非标准化的“创作”元素，我们才有可能不被替代。

因此，做副业不仅仅是为了多一份收入，更是一次让自己成长提升的机会。

（二）主业延伸，爱好也可以变现

书签客有一位粉丝生活在一线城市，在一家事业单位工作，由于主要工作就是组织国际活动和外宾交流，因此翻译成了她的主业向外延伸的重要工具。

这位粉丝的本科和研究生学的都是英语专业，英语底子非常好。于是她在业余时间给很多公司做兼职的翻译。一方面，对方公司可以节省找正规翻译公司的费用；另一方面，她还能挣到不少额外收入。

但是这种兼职还是相当于把自己的时间一次性售卖出去了，那么有没有可以让翻译经验产生复利的事情呢？

目前她正在尝试制作自己的线上英语课程，通过做课程来实现付出一份时间，取得多份收入。

说到这里，大家就会发现：

如果想把副业变成长期的主业来发展，那么你的副业最好和主业是有一定关联的。

比如书签客的另外一个粉丝，主要工作是在装修公司上班做设计，平时按月拿工资，晚上或者周末的时候会兼职接一些设计方案的私活。这样一来，不仅能够提升工作的技能，还能为以后创业积累客户和资源。

如果你的副业和你的主业没有关系，而且你在副业上一点积累都没有，那么就要小心了。因为本职工作就已经让很多人焦头烂额了，更别说还要花时间从零开始搞副业，实在得不偿失。你需要再认真审视一下你的副业领域，找到和主业或者你的爱好相重叠的地方，让它们彼此发生共振，这样才有可能事半功倍。

（三）知识变现“四象限”

知识变现是很多人做副业的一个途径，那么可以用来变现的知识主要包括哪几类呢（见图 3-1）？

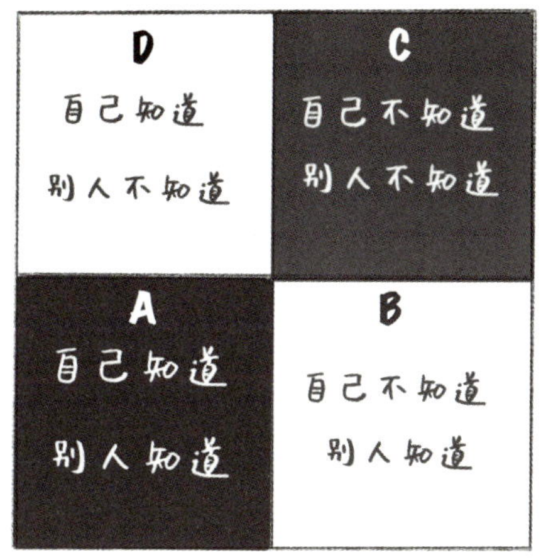

图 3-1　知识变现“四象限”

归结起来，可以用来变现的知识主要分为以下四类。

第一是 A 类：自己知道，别人也知道。社会上大部分的普通人，都是用 A 类知识在赚钱，拿着普通的工资、辛辛苦苦地工作，这部分人的可替代性比较强。

第二是 B 类：自己不知道，但是别人知道。在这种知识变现模式里，你是付出金钱购买的一方。比如汽车、日常用品的生产和销售都属于 B 类。毕竟我们普通人并不知道如何制造汽车、牙刷、牙膏、洗发水等，更不可能在家里自己做。因此，这个时候我们就需要为别人的知识和劳动付费。

第三是 C 类：自己不知道，别人也不知道。如果大家都不知道的话，那么倒也简单了，谁都赚不到钱，这属于突破所有人认知的事情，不在我们讨论的范围内。

第四是 D 类：自己知道，但是别人不知道。这才是需要我们每个普通人仔细研究的领域。

D 类知识里面还需要进一步细分，主要分为两类：一类是其他行业的人不知道，但你知道的知识。比如，你是个程序员，你的朋友找你设计一个微信小程序，你收费 2000 元，他多半会愿意掏钱，毕竟他自己不会设计。

另一种是你的同行不知道，但是你自己知道的知识。比如一个效率更高、成本更低的制作技术等，这些都是你可以超越同行获得更高收入的方法。

我们举例来说明。

A 和 B 是两家同样类型的公司，生产同一种设备，每销售一个设备可以获得 1 万元的收入。

A 公司的效率和销售能力都一般，一个月可以制造和销售 2 个设备，收入是 2 万元。

B 公司的技术和销售能力略胜一筹，一个月可以制造和销售 4 个设备，收入是 4 万元。

那么他们的利润差距是多少？是 2 倍吗？显然不是，因为我们还要考虑成本上的规模优势。假设两家企业一个月的固定成本都是 5000 元，生产一个设备的变动成本都是 2000 元，那么 A 公司一个月的利润是 11000 元，B 公司一个月的利润是 27000 元，两者的利润相差接近 2.5 倍。

随着时间的拉长，两者的差距只会越来越大。

五、做副业要避免的四个“坑”

搞副业是很多人在工作之余的想法，但却常常被现实打脸，甚至有朋友告诉书签客：十种副业九个坑。

比如那些以“每天只需两小时，就能日入 800 元”为口号的短视频剪辑业务，再比如“有手机一个人就能做，半年全款买保时捷”的诱人广告。

估计看完这样的宣传语，涉世未深的读者都有掀桌子马上辞职的冲动了。因为大家更喜欢听一夜暴富的故事，往往会听得心情激动，以为自己也可以复制，但这不是生活的常态和真相。如果是常态，那么这些新闻报道的小编早就自己去实现了，哪还有工夫写出文章来？所以这些广告背后大多都是“坑”，很可能会让你花费很多时间也很难赚到钱，只能为爱发电了。

（一）短视频主播，看似容易赚钱难

短视频主播一直是大家搞副业的热门选择，表面看起来，剪辑一下视频，既能分享观点和生活，又能在业余时间赚钱。但仔细分析一下，我们会发现事情并非这么简单。

短视频主播的收入目前主要来自两个方面：一方面是平台方提供的创作激励，按照流量发放奖励；另一方面是广告收入或带货佣金，在有一定粉丝基础之后，你可以在短视频内推广产品获得广告收入或

带货佣金。这两个变现模式看似简单明了，但是操作起来非常复杂，而且困难重重。

比如创作激励，如果想拿到平台的创作激励，那么你做出来的短视频必须有流量。但是大部分人辛辛苦苦剪出来的短视频，播放量基本在几十到几百次之间，没有公司扶持、没有买推广广告，基本上很难有好的播放量。

有朋友曾经跟书签客讲过，他自己发布的短视频有3万的播放量，但是收到的创作奖励仅有几元钱。他每周还要发短视频、打卡、发动态，只是为平台的活跃度贡献了力量，自己的收入则是惨不忍睹。

再比如靠广告赚钱，这个要比拿到创作激励更难。要知道，有厂商愿意和你合作推广产品，一定是建立在你已经有了一定的粉丝量和曝光率的基础上的，这一步已经筛选掉了90%的人。如果很幸运你可以接广告，那么也需要对广告和厂商的产品进行详细验证，以免假冒伪劣商品的出现。

（二）想做副业，先交“培训费”

很多看似美好的副业，都需要你先缴纳高额的培训费。也就是说，要想赚钱，你要先交学费。

培训机构会不断地给你灌输说：“隔行如隔山，你看看哪个行业不需要学习新的知识？”然后通过一个个经典的成功案例，让你看到自己和这些案例之间的差距并非遥不可及，只要努努力，也有可能

“单车变摩托”，最终实现副业月入 10 万元。

比如，那些教你快速提升自媒体写作能力的培训班，往往会宣称“3 个月快速入门”。

但是你要想想看，有哪个行业 3 个月就能实现快速入门，甚至从熟练变为精通呢？如果门槛如此之低，估计早就是千军万马一起涌入，杀成一片红海了。

作为普通人，你可能会在这 3 个月里从培训机构学到一些自媒体写作技巧，视频剪辑的方法，但是想靠这 3 个月的时间实现职业转换，实在是难上加难。

虽然难以成功，但是培训的费用一分不能少。毕竟培训费才是对方真正想要赚的钱。

（三）奶茶店，要卖多少杯才不赔钱

很多普通人都梦想着自己能够开一家店，可以是咖啡店，也可以是奶茶店。小小的一家店，承载着一个普通人大大的梦想。

但现实和梦想总是有着非常远的距离。如果大家去闲鱼上逛逛，就会发现从创业的角度来看，奶茶店、咖啡店都是创业失败率比较高的项目，有大量创业失败的人在转让二手的咖啡机、奶茶封口仪。

成本只有几元钱的奶茶，一杯售价可以达到十元、十几元，这样的奶茶店为何还会赔本呢？

事实上，奶茶的成本只是奶茶店总成本的一小部分，经营一家奶茶店不但需要支付奶茶的成本，还需要支付店铺的租金、各种设备的费用、员工工资等（见图 3-2）。相关报告显示，经营一家奶茶店的平均总投入每年需要大约 48 万元。

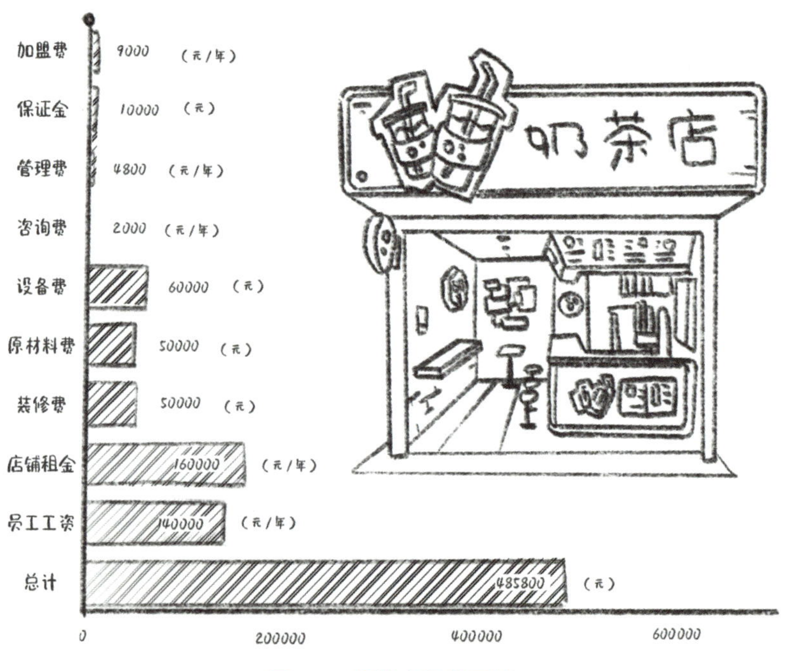

图 3-2　奶茶店经营开销

如果一杯奶茶的价格是 20 元，那么一年就需要卖出去 24000 杯奶茶，才能勉强收回成本。算下来，一个月需要卖出 2000 杯、每天需要卖出 67 杯奶茶。

这还是只能保证不亏本，还不能达到赚钱的水平。

那么，为何奶茶店的成本会如此之高呢？

事实上，奶茶店的主要成本集中在员工工资、房租、装修费用、原材料以及设备费用上，以上这些支出每年合计大概 48 万元，大部分都属于固定开支。

同时，开一家店需要付出的精力和时间成本，绝不亚于我们在职场上打拼。

比如开一家奶茶店，你需要为自己的店面进行选址、装修，奶茶不能只推出一种，还需要选品、研发菜单、定价，奶茶店再小也需要员工，招工、员工培训都需要花时间和精力，再加上作为老板需要巡店、查账、发工资等。是不是发现当老板并不比当员工轻松？

同时，很多人现在都不愿意线下购物——外卖搞定一切。因此奶茶店还需要入驻各大外卖、点评平台来增加客源。但凡客户有几个差评都会让店里的生意打折扣，老板会时刻担心把招牌给砸了。

【所以开店之前，你需要仔细盘点一下自己的优势在哪里，不要想当然地觉得一杯十几块钱的奶茶是暴利。】

（四）一铺养三代的神话

书签客的一个粉丝讲过一个案例，他的一个亲戚看到家门口的水果店生意非常好，买水果的人络绎不绝，觉得生意这么火肯定能挣大钱，于是想把这个水果店盘过来。但是盘过来之后，水果店的生意一落千丈。

为什么呢？

原来水果店之前的生意红火是假象，其实根本不赚钱。之前的店主把水果按照进价来卖，赔钱做生意。因此，营造出门庭若市的感觉，实际上根本没有赚到钱。

虽然卖的水果不赚钱，但是原来的店主把重点都放在了店面上，想在转让店面上赚钱。

盘下店面的粉丝亲戚不知道内幕，觉得生意很好就高价接盘了。最后发现根本无法盈利，如果提高水果的价格，顾客就用脚投票不买了。

所以，所谓的“旺铺转租”往往是个“坑”，因为如果真的是旺铺，谁还转租呢？

六、人力资产与富人思维

（一）关注你的人力资产

有学者曾从金融的角度来研究人的一生，提出如果把我们每个人看作一项资产，那么根据这项资产带来的现金流变化，我们的一生可以分为三个阶段。

第一阶段：成长阶段。

第二阶段：工作阶段。

第三阶段：退休阶段。

在成长阶段，我们通常是没有收入的，基本生活和受教育的费用一般都是由父母来支付。这个阶段是我们人力资产的形成期，现金流虽然是负的，但个人的人力资产却在不断增值，可以为我们未来一生的总现金流规模打下基础。

在工作阶段，我们开始有了工资收入，虽然一开始可能收入并不高，但增速会比较快，我们个人总资产带来的净现金流也会由负转正。而且在这个阶段，随着经验的积累，以及持续不断的学习和培训，我们的人力资产也仍然会持续增值。

在年轻的时候，也就是我们工作的初始阶段，我们的收入不高，所以积累的金融资产不多，但人力资产的价值较高，其未来的现金流预期也比较高。因此，这也是我们对金融风险抵抗力最强的阶段。总的投资资金本来就不多，即使亏损的比例很大，其绝对值也会很小，而且我们有充足的时间通过未来的收入来弥补这些损失。

随着年龄的增加，我们的收入会在达到一定水平后保持平稳，不再有大幅的增加，而我们利用富余的现金流积攒下来的金融资产价值仍然会稳步上升。在我们的总收入中，金融资产收益所占的比例很可能会慢慢超过人力资产收益（工资收入）所占的比例。

在退休阶段，我们大多数人会不再工作。因为退休金通常都会低于此前的工资收入，所以人力资产收益会有一个比较大的下降。而金融资产的收益不会因为持有人年龄的增加而减少，更有可能因为长期持有和复利的作用而持续保值增值。

从上面的这三个阶段的过程可以看出，在我们的一生中，可以给我们带来现金流的资产主要有两类，一类是我们的人力资产，一类是我们在工作后逐步积累的金融资产。其中，人力资产的收益会经历一个由低到高，然后由高位下降再到平稳的过程；而如果做好了长期规划，金融资产的收益则会一直波动上升。

从本质上说，要想一生财富无忧，一个理智的选择就是：先通过持续的教育，不断提升人力资产价值，然后在保持一定生活质量的基础上，对人力资产带来的富余现金流稳健地做好长期投资规划，将其不断转化成金融资产。这样当我们在晚年人力资产加速贬值的时候，仍然可以依靠金融资产的收益保持稳定的生活质量。

（二）三个你可以掌握的财富思维

第一个，财富是资源，不是目的。

衡量一个人是否富有的标准，不是钱财的多少，而是他能够忽略的东西有多少。当我们缺钱的时候，我们会一直盯着钱本身，而忘记了要用钱去解决什么问题。比如为了一份工资收入，我们可能放弃尝试新的机会与可能；再比如为了不失去眼前的收益，我们可能会放弃一些自我提升的机会等。

很明显，钱并非目的，通过钱能获得哪些收益才是关键。所以，我们更应该把钱看成一种资源，聚焦于如何让这种资源在流动和交换中为我们带来长期价值。

第二个，时间是朋友还是敌人，全在自己的选择。

我们经常说，要做时间的朋友。但时间能否成为我们的朋友，关键不在于时间，而在于我们自己。投资理财就是最好的证明。

巴菲特一生的大部分财富，并不是在年轻的时候获得的，而是在他 60 岁以后取得的。现在巴菲特已经 90 多岁了，长期投资让他可以有机会获得更多的收益。抛开投资技巧不谈，时间真正成了巴菲特的朋友。

但有时候，时间也是我们的敌人。

尤其是对于某些“聪明人”，他们太容易被眼前的利益和损失迷惑，看到持有的基金出现亏损，他们首先想到的就是赎回；或者看到某只股票、基金涨势好，他们就想做短线“捞一笔”。殊不知，这些行为的风险很大，而且会付出很多成本。抛开波动损失不说，频繁交易的手续费就是一大笔不可避免的开支。

第三个，先定目标，再找资源。

在“变得更富有”和“未来10年攒够800万元”之间，你会选择哪个作为自己的目标？大部分人都会希望自己的目标明确而又切实可行。

为何目标这么重要？这是因为如果你觉得一件事情有可能实现，大脑就会自动开始思考实现的方法；如果你觉得一件事情不可能做成，大脑就会给你提出100个拒绝的理由。所以，“变得更富有”只是想法，并非目标。

而富人的思维会更多聚焦在“我要用什么办法或者资源，来实现这个目标”上，比如10年攒够800万元。当我们具备这样的思维模式时，我们的注意力就会放在如何利用现在的资源去达成目标上，而不是一味抱怨、不做出任何改变。

（三）人生就是一场价值投资

人生其实就是一场价值投资，对于工作，我们也可以把它看作一项投资。

有些年轻人找工作的唯一目标就是高薪，但真相是高薪没有办法让你财富自由。无论薪水多高，都很难实现你想要的财富自由。尤其是在工作几年之后，你会发现，即使职位再高、工资再涨，也很难攒下大笔财富。每次涨工资的喜悦，都会转瞬即逝。毕竟涨工资的同时，你的纳税比例和消费欲望也在快速上涨。所以，对于工作，我应该关注的是它能否给自己带来持久的复利。

爱因斯坦曾说："复利是世界第八大奇迹，了解它的人可以从中获利，不了解它的人将会付出代价。"

巴菲特曾说："人生就像滚雪球，关键是要找到足够湿的雪和足够长的坡。"

查理·芒格曾说："同时理解复利的力量和获得它的困难，是理解许多事情的核心和灵魂。"

在有限的时间，把有限的精力和财富持续而反复地投入到某一领域，长期坚持下去，最终产生的积极影响就会像滚雪球一样，越来越大。同时，它带来的回报也一定会超过你的想象。这就是经济学中典型的复利思维。复利思维需要我们用长远和发展的眼光去看待事物，并遵循以下几个原则。

原则 1：尽可能一直待在市场里，长期投资的大部分收益，其实是由极少数时间贡献的。这极少数的赚钱时间，很难预测。因此最好的办法就是永远不下牌桌。

原则 2：长期来看，我们获得的收益，主要是企业的盈利增长。投资时间越长，估值波动所贡献的收益占比越低。

原则 3：对于每一笔投资来讲，如果持有的时间足够长，就不必苛求买在最低点，但也不要买得太贵。

原则 4：在长期持有的过程中，通过抓住低估值的时机买入，可以进一步提高收益。

七、增加财富积累的四个路径

（一）迁徙——人往高处走

为什么这么多年轻人愿意去北上广深？不仅仅在于一线城市可以提供更多的工作机会、较高的薪酬，还在于可以改变一个家庭的生活，甚至是缩小贫富差距。

在一线城市找到一份月薪 5000 元以上的工作并不难，但是在小县城，这样的工作已经是高薪甚至难以寻觅了。

当然，并不是说农村或者县城不好，也不是说发达国家或者一线城市遍地是黄金。这里面其实是一个向上发展的概率问题，在大城市你能够积攒下财富的可能性要大于其他地方。我们大部分人是普通人，相信创造财富的普遍规律尤其是高确定的事件，可以把自己的选择风险降到最低。

（二）教育——中产阶级的法宝

人的行为、认知很多时候都会受到成长环境的影响。而教育本身不仅仅是学习知识，更是给“成长环境”不好的孩子一个新的机会。在好的教育环境下成长起来的人，更容易干出一番事业来。

红杉资本的沈南鹏说过，管理红杉资本其实有高中学历就足够了，但是上海交大的校友对他帮助很大，当年创立携程的时候，他就是和上海交大的校友一起搞的。

再比如美团的王兴，他的合伙人是他在清华的同学。腾讯的马化腾，他的联合创始人里也有他深圳大学的同学。因此，教育可以让人进入更高的圈层，与其他优秀的人在一起做事情，成功的概率更大。

如何进入这样的圈层？这就是教育的另外一个重要作用——筛选器。从中考、高考、考研、出国留学一路走来，我们会发现同行的人越来越少。书签客中考的时候，记得有三分之一的同学在权衡之后会选择报考中专或者技校；高一结束的时候，成绩跟不上的同学多半会选择转去学文科；高考前又会有三分之一的同学直接放弃高考，能够进入 211 或者 985 院校的同学多半会考研，普通大学的同学毕业时选择就业的居多，出国的基本也是少数。

从初中到硕士研究生毕业，大概需要 12 ~ 14 年的时间，能够完成的人会有多少？这样选拔出来的人才，大概率都是聪明、有耐力、意志坚定的人。在找工作的时候，获得更好工作机会的概率会大增。

（三）阅人无数，不如高人指点

武侠小说里的主人公特别让人羡慕，他们不仅能够练成绝世武功，更会得到武林前辈的提携和帮助。想想《笑傲江湖》里的令狐冲、《神雕侠侣》里的杨过、《射雕英雄传》里的郭靖，这些主人公基本上都会找到两样东西，一个是武功秘籍，另一个是高人指点。

武功秘籍比较玄幻，离我们现在的生活也太远，我们暂且不讨论。高人指点这个相对更加常见一些，拼多多的黄铮，因为电脑技术好，受到网易丁磊的赏识，被介绍给投资人段永平，年纪轻轻跟着段永平见了巴菲特，之后创立了拼多多，被大家所熟知。

共享单车大战中的摩拜单车，虽然最终被美团收购，但创始人胡玮炜却一战成名。这位曾经的汽车行业媒体记者，机缘巧合地认识了投资人李斌，李斌拿着做好的摩拜单车投资计划书问胡玮炜想不想一起做。经过几年的创业，当胡玮炜最后离场的时候，她换来的是上亿元的财富。

当然，以上案例虽然说起来很轻松，但并不是鼓励大家在家里等着高人来敲门。

首先你要有拿得出手的才能，而且这个才能要对别人有价值，否则别人凭什么指点你？其次是要破圈，在同质化的圈子里，往往等不到你要的机会和高人，只有跳出这个范围，多去和其他人碰撞，才能遇到更大的机会。

总之，有准备，敢突破，高人才能来敲你的门。

（四）勤快点、靠谱点是普通人唯一的出路

大富大贵往往不是个人能决定的，但是小富就不一样了。就像红杉资本的沈南鹏所说，（在一个领域）“扎进去，好好做，你就不太可能混得太差”。“扎进去，好好做”，对于这么简单的笨办法，可惜多数人根本不屑去采用。

书签客前一段时间招聘实习生，一共 4 个在校学生来应聘。面试

时我出了一个题目：请分析一下芯片行业的新趋势。要求一周后交 800 字的分析报告。当时 4 个人都表达了自己如何如何愿意获得这份实习工作，不怕加班。但是后来，最终有两个面试的学生直接没有下文，第三个人回复邮件说放弃这次机会，剩下一个学海洋生物专业的学生，虽然报告写得一般，但至少按时交了稿。

这个学生即使专业不对口，也获得了大厂难得的实习机会。所以普通人只要勤快点、靠谱点，差不多就可以战胜一半的人。如果你还能坚持提升自己，差不多就会进入前 20% 的行列，时间会帮助你打败其他人。

对于这样的人，时间才是他们真正的朋友；而对于那些放弃的人，时间则变成了他们的敌人。查理·芒格曾说：“有时候，我们不需要什么新的思想，我们只需要正确的重复。”

第四章

投资——让钱为你去赚钱

从长期来看，我们之所以能够依靠投资积累财富，多半是由于经济周期给我们的机会。经典的经济周期理论包括基钦周期、朱格拉周期、康德拉季耶夫周期等。其中康德拉季耶夫周期的时间比较长，一个周期为 50 ~ 60 年，包括了繁荣、衰退、萧条、回升四个阶段。普通人虽然无法阻挡这样的周期，但可以采取一些合理的措施来应对，比如在衰退和萧条的阶段坚持住，做好手中的事情，不断提升自己的水平，这样等到回升和繁荣阶段，我们才有能力抓住出现的机会。

如果说过去 20 年大家的财富差距取决于在多早的时间、买了几套房，那么未来 10 年、20 年财富的差距很可能取决于你配置了多少权益资产。通过持有权益类资产的方式，我们可以让财富自己静悄悄地增值，这是一件性价比非常高的事情。

但是投资并不是一件容易的事，所以学会理财、培养经济头脑对于当下的每一个人来讲，都是非常重要的，甚至是必需的。实际上，投资就是我们每个人认知的变现，你对于政治、经济、行业、经营、人性甚至自己的理解，都会投射到投资的收益这一维度上。

一、人生投资法则

（一）财富从哪里来

很多人对于财富的认知就是将其等同于钱。但实际上，钱只是财富的表象，并不是财富的本质。对我们来说，真正有意义的不是钱或者财富，而是它们背后的底层资产。

从经济学的角度来说，人类财富的创造，主要由四个要素决定：劳动力、土地、资本和技术。在人类社会的早期，财富主要是依靠劳动力 + 土地（或各种自然资源）来创造的，产出效率比较低；而当金融业出现后，尤其是公司制和股票出现之后，资本在人类财富创造过程中的作用越来越显著；而在近 100 年来，人类科技的飞速发展，让技术进步逐渐成为人类财富创造的另一个主要推动力量。资本加技术，也让全世界在最近 300 年里创造和积累的财富，远远超过此前所有人类文明时期创造的财富总和。

从这个简单的回顾中，我们可以看出，财富的创造来自于劳动力、土地（或自然资源）、资本和技术四个要素的综合利用，而现代人类社会财富的爆发式积累证明，在各种方式中，企业化运作是目前最有效的财富创造方式。

搞清楚了财富创造的核心要素和创造模式，我们关心的下一个问题就是：这些创造出来的财富，是如何进行分配的？

一般来说，参与创造财富的劳动力会获得工资回报，土地的持有者会获得地租，资本的持有者会获得股权回报，技术的持有者会获得专利费，有时技术也会被资本化，这时的技术持有者也会获得股权回报。

作为普通人，我们分享财富的主要方式就是通过出卖劳动力来换取工资收入。除此之外，如果想要更多地参与财富分配的过程，就需要先积累并拥有其他三种要素。拥有专利和土地的人毕竟只是少数，对于大多数人来说，最可行的方法就是通过买入上市公司的股票（资本）来更多地参与到财富的分配中，具体可以是买入个股，也可以是买入股票型基金。

在买入上市公司股权的过程中，我们还需要明白两个现实。

第一，普通人的最优选择是获取市场平均收益率。虽然企业制是创造财富的最有效形式，但是不同企业之间创造财富的效率差别是非常大的，有些经营不善的企业甚至上市公司，很有可能因为亏损而倒闭。如果你不幸投资了这样的企业，那么不但不会增加财富，还会灭失财富。对于普通人来说，分辨一家上市公司的质量好坏，不是一件容易的事，所以最优的选择是买入宽基指数基金，以便可以实现市场平均水平的收益，最大限度地降低亏损的风险。

第二，长期的市场平均收益率水平，取决于经济大趋势，这有一定的运气成分，是我们无法决定的。人类社会是不断向前发展的，所以经济发展的大趋势是不断向上的。但在这个持续向上的大趋势中，也会有繁荣与萧条的周期往复，而且各个国家的经济发展也是不同步的。所以有的人年轻时（风险承受力强、现金流增长迅速）可能会赶上本国经济的繁荣期，就比较容易积累更多的财富。

总之，明白了财富创造的本质，我们也就明白了人生积累财富的基本逻辑，在进行投资时也会有更加合理的预期。

（二）人生的三种商业模式

《反脆弱》的作者塔勒布曾经说过："让人上瘾的东西，害处最大的三种是海洛因、碳水化合物和月薪。"个人发展很容易受到既得利益的蒙蔽和困扰，最典型的既得利益是看起来还不错的工资收入。这种水平的收入最具迷惑性，你会受困于这种既得利益，一次次失去突破性发展的机会。如果我们每个人都把自己比作一家公司，你能否实现"永续"经营呢？

在《人生护城河》这本书中，作者总结出了人生的几种商业模式，我们下面来逐一分析一下。

1. 一份时间出售一次。这种模式是指，单位时间只能出卖一次，公司的雇员和自己创业的小店主都属于这一类。每一位打工人都是作为"资源"被引进公司的，然后通过某种技能的持续输出，来换取对应的收入和回报。在长时间的输出过程中，被绩效压着、同事催着、领导盯着，是大多数职场人的真实日常。在这种状态下，很多人基本没有时间和精力再去做额外的自我增值。所以只有输出、少有输入，也是不少职场人的一种常态。

2. 同一份时间出售很多次。这种模式是指，单位时间内的产出，可以卖很多次，也可以卖给很多人，卖出的份数和客户数与杠杆比例相关。杠杆比例基本取决于个人品牌的影响力，比如公众号作者、短视频创作者、艺术家等。举个例子，东方甄选是新东方的知名直播品牌，虽然每天直播时间都固定，但是观看的人却有上百万，也就是说一次直播可以触达上百万人群，相当于单位时间里的产出卖出了很多次，完成了很多订单交易。

3. 购买他人的时间再卖出。真正的企业家都属于这一类，获利的秘密在于用好“他人的时间和他人的金钱”，这就是企业家借贷和雇人致富的原因。创业和投资，事实上就是属于购买他人的时间再卖出去的个人商业模式。你自己创业，做老板，招聘一些人为你做事，本质上就是购买了那些人的时间，利用购买的这些资源创造产品或服务，再把它们卖出去。想想看，富人并非无所不知，但他们会雇用专业的财务、专业的销售、专业的研发人员来为他们所用，最终利用其他人的时间和精力来实现自己的财富积累。

现实中，大部分人的商业模式都属于第一种，即一辈子靠打工赚钱，养家糊口，期望安安稳稳地过完一生。选择这种人生商业模式的人几乎都是为了求稳、求平安，这没有什么错，但这种心态本身却有着潜在的风险，具体包括以下几点。

1. 时间是有限的，靠时间换来的钱也是有限的。在这种模式之下，一般人靠时间换来的工资终究有限，无法形成有效的财富积累。而且随着年龄增加，劳动能力的下降，未来的收入预期也会越来越低，看似当下的收入比较稳定，长期的不稳定风险却比较高。

2. 没有个人增值的机会和可能。如前文所说，每个人都是作为“资源”被引进公司的，然后通过某种技能的持续输出，来换取对应的收入和回报。在长时间的输出过程中，很多人基本没有时间和精力再去做额外的自我增值。

3. 变得短视，不再聚焦长期目标，更希望一夜暴富。很多人往往会高估他们在一年内可以做到的事情，同时又低估了在十年内能够做到的事情。所以正如前文所说，人这一生最怕的是时间花出去了，赚了点小钱，但见识没有增长。小富即安是财富自由和精神自由最大的敌人。人这一生，应该有一个最高目标，即改变命运，不断地改变既定的命运。

如何破解这些难题和风险呢？

除了公司给你发工资之外，其实你还可以利用公司给予自己的机会来锻炼自己的能力。如果你以获取资源的态度来看待这个世界，你会发现很多原来让你讨厌的人和事，其实并没有那么讨厌，你也能让更多本不相关的事物之间发生链接。

（三）投资理财不能让你财富自由

> 书签客要说一个扎心的事实：投资理财不能让你财富自由，投资理财的首要目标其实是存钱，其次才是增值。

我们自己也可以回忆一下，周围有多少人是靠投资理财实现财富自由的呢？

越是拥有大量财富的人，对投资回报率的要求越低，对财富的安全性要求越高。他们的投资行为不是为了进攻，而是为了防守。他们是通过自己的能力和资源来获取大量财富的，然后通过投资来保卫自己的财富，不受通货膨胀的侵蚀。

这么说的意思并不是富人不做高风险投资，而是想告诉大家，富人更在意控制投资比例、控制预期收益率，更倾向于保守的投资策略。所以，如果再有人跟你说“你要尽快通过‘睡后收入’打造钱生钱的投资组合、实现财富自由”的时候，你就要思考一下，自己能不能成为那些幸运儿，还是成了别人眼中的“韭菜”。

更重要的是，这些鼓吹的言辞最致命的问题在于，让更多人为懒惰找到了一个借口：“既然钱能生钱，在我睡觉的时候它还能替我赚钱，那只要躺平就好了。”这样的思路只能让人以为自己穷并不是因为自己不努力，而是因为没有开窍、没有掌握致富的密码。

书签客之所以在讲投资之前说这些，其实就是希望你能够降低对投资理财的不合理预期，客观冷静地看待投资理财的作用和价值。我们需要找到保护自己手里的钱的方法，投资理财虽然不一定能让我们财富自由，但是我们能够通过投资理财学会把钱保护起来，然后实现自己生活品质的提升。

二、投资是认知的变现

（一）财富亲密度法则

你关注什么，就会吸引什么，投资理财也是一个道理，相信你也有类似的经历。

书签客业余时间特别关注火箭卫星这些硬核科技，每天都会关注这个领域的最新动态，比如我们国家发射载人航天飞船、美国发射星链卫星、火星车又有新发现等。在这个过程中，我也结交了很多航空航天的爱好者。当这些信息和人出现在我周围的时候，我会比其他人更快地关注和感知到。我经常会发现，自己觉得应该为众人所知的航天大新闻，其实知道的人并不多。这就是吸引力的力量。在理财领域也是一样。我们越积极地关注和追求财富，就越能够提高自己变富的概率，这就是本节标题里提到的财富亲密度法则的核心含义。

但是，会有读者讲："我也希望成为有钱人，想了几十年了，但是并没有实现呀？"那么，我们来认真地分析一下这个问题。你到底有多渴望财富呢？是在想买最新款电子产品、买漂亮衣服的时候才会想起来吗？

我们在投资理财之前，首先要提升自己的财富亲密度，树立这样的理念：

认真地对待财富，是一件特别正能量的事情。

（二）投资时要关注的四个风险

查理·芒格说过一句经典的话："如果我知道自己会在哪里死去，我一定不会去那个地方。"

延伸到投资理财这件事上，这句话的意思就是，我们需要在投资之前，先了解清楚什么方式或者行为会让我们变穷，之后要尽可能地去避免这些方式和行为。

我们这一生，有哪些和投资相关的坑需要提前避免，或者存在哪些阻碍我们成功的因素呢？

第一是意外。意外总是会打乱我们对人生的规划，一场意外带来的损失往往会远远超出我们的想象。

第二是疾病。一场疾病可以让一个中产家庭面临巨大的经济压力，耗尽多年的积累，这样的案例我们经常能够看到。

第三是无序支出。在平时的生活中，我们经常听到四个万能的建议：多喝点热水、重启试试、不行就分、喜欢就买。女孩身体不舒服，男朋友唯一的解决方案往往就是"多喝点热水"；手机死机、App 卡死，重启手机是个屡试不爽的万全之策；恋爱时感觉不对，直接分手就好了。这前三个建议似乎都有些道理或者对当事人是有益的。

然而，"喜欢就买"这个万能建议是需要纠正的。在经济下行周期，犒劳自己有很多方式，商家会千方百计地从我们的口袋里掏钱出来，而房贷、车贷、孩子奶粉钱、父母养老钱在等着我们去支付，"喜欢就买”可以让我们在短时间内获得快感，但也会让我们错失积累更多财富的机会。

第四是胡乱投资。在投资理财时，有一套自己的、靠谱的投资逻辑很重要，之所以重要是因为它可以让我们降低风险，少亏钱、不亏钱。投资的钱，其实就是我们的士兵，每一块钱都是一名英勇的战士，战士上战场拼杀，主帅要运筹帷幄，想好怎么能打赢每一场战斗，只有做好充足的规划和准备，才能提高胜率。也就是说，一套靠谱的投资逻辑可以让我们充分发挥每一块钱的价值和能力，让这些“战士”赢得最大的胜利，为我们带回来更多“战利品”。

（三）建立自己的投资体系

投资时，我们一定要建立自己的投资体系，而不仅仅是简单决定拿自己的钱买什么基金、哪只股票。投资体系的建立虽然因人而异，但是有两个核心原则是通用的，和我们每个人找男女朋友、经营婚姻非常类似。

原则一，要选择适合自己的伴侣。选伴侣，我们都会仔细选择和自己情投意合、三观一致的人。理财也是一个道理，你需要知道自己对收益、风险的要求，然后找到符合这些要求的理财产品。如果你不顾自己的实际情况，固执地要把某个偶像追到手，结果很可能是得不偿失。这样做不但要承担较大的风险，还有可能血本无归，损失大量本金。

原则二，要像经营婚姻一样对待投资。世界上不存在不经过好好经营就得到的幸福婚姻。投资理财也一样，你愿意在投资这件事情上花多少时间？能否像经营婚姻一样，长相厮守，而不是频繁地交易？长期持有不但可以增加获利的概率，还会降低因为频繁交易而产生的费用和成本。

三、基金投资的灵魂三问

哥伦比亚大学教授迈克尔·莫布森曾总结出这样一个公式（见图4-1）：

成功 = 技能（确定性）+ 运气（随机性）

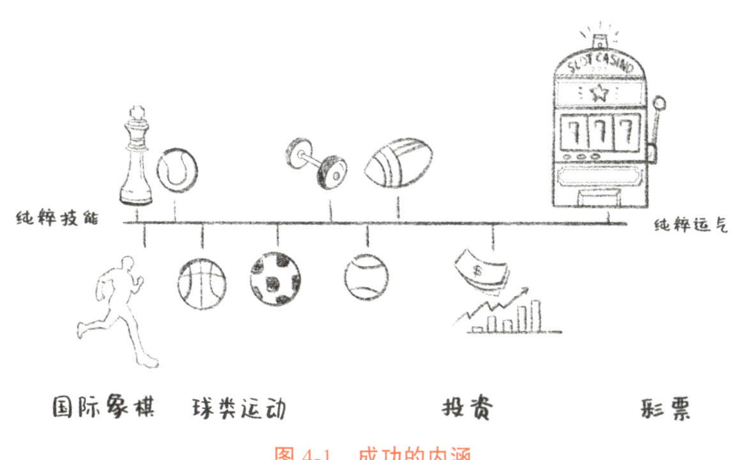

图 4-1　成功的内涵

从公式中我们不难发现：成功不仅离不开努力，也离不开运气。至于努力和运气哪个更重要，则要看具体在哪个行业里。比如从图4-1中可以看到，在国际象棋、篮球、足球这些领域，成功主要依赖于技能，可以说技能是决定这些领域成功的核心指标。但是越往右边的成功，比如买彩票，则要更多地依赖运气。

技能可以持续输出，但是好运气不会一直都在。因此，类比到投资领域，当我们判断一只基金是不是优秀时，要尽可能剔除掉运气的影响因素：一方面，对业绩的观察时间要拉长一点；另一方面，相较于业绩结果，业绩是否稳定并具有可持续性可能更重要。因此，在投资买入基金之前，我们要先问自己三个问题。

（一）第一问：基金投资赚的是什么钱

股票指数基金或者股票型主动基金投资的都是一揽子股票，基金净值的上下变动，体现的是这些股票价格的总体变化情况。那么股票价格的变化又是由什么因素推动的呢？

虽然影响股价走势的因素非常复杂多样，但归结起来，股价本质上是由两个因素确定的：一个是股票的内在价值，另一个是股票的估值。

股票的内在价值是由公司自身的经营水平和能力特点决定的，属于内因，是决定股价的长期因素，短期内不容易发生变化。比如贵州茅台在白酒行业中的品牌形象和地位，短期内是没有竞争对手可以撼动的，其经营管理团队也是相对稳定的，经营能力是稳步提升的，这也支撑着贵州茅台的股价在过去 10 年里不断上涨。

股票的估值是由市场上的交易者给出的，属于外因。股票的估值比较容易受到市场情绪的影响而大幅波动，因此它是决定股价短期波动的主要因素。

内在价值是客观的，但投资者的预期和情绪是非常主观的，经常出现极端的波动。

比如说，苹果公司在 2018 年到 2020 年，营收分别是 2656 亿美元、2602 亿美元、2745 亿美元，利润分别是 595 亿美元、553 亿美元、574 亿美元，可以说营收和利润基本没有什么大变化。但是苹果公司的股价却在这 3 年里发生了翻天覆地的变化，从最低时的 35 美元，上涨到最高时的 140 美元，相差了 4 倍。

因此，面对同样的企业，同样的市场，同样的信息，我们的情绪会被市场的其他参与者所影响，在贪婪和恐惧之间来回切换，这会进一步影响我们的行为。

因此巴菲特曾经说过：

“要想在一生中获得投资的成功，并不需要顶级的智商、超凡的商业头脑或秘密信息，而是需要一个稳妥的知识体系作为决策基础，并有能力控制自己的情绪，使其不会对这种体系造成危害。”

因此，我们购买指数基金或股票型主动基金所获得的盈利，本质上来自两个方面：一个是公司内在价值的上升，另一个是估值的上升。

（二）第二问：基金投资能赚多少钱

预测投资收益，是一件非常容易打脸的事情。但是这不妨碍我们从宏观的角度来看待未来 10 年中国财富增长的走势。2021 年，我们国家公布了《中华人民共和国国民经济和社会发展第十四个五年规划和 2035 年远景目标纲要》（以下简称《规划纲要》），这个国家战略规划中有很多与投资息息相关的内容。虽然很宏大，但是仔细研读之后，你会发现很多值得研究的数据。

比如，《规划纲要》提出："到 2035 年，人均国内生产总值达到中等发达国家水平。"按照世界银行发布的高收入国家人均 GDP 最低标准，要达到中等发达国家水平，那么我们国家人均 GDP 将达到甚至超过 2 万美元，届时我国的 GDP 总量将超过 200 万亿人民币，较 2020 年翻一番。与此对应，我国未来 15 年的年均实际 GDP 增速只要在 4.7% 左右，就能够实现这个目标。对我们投资理财来说，这个目标也是我们未来投资年化收益率的一个比较基准。

那么，国家的 GDP 增速和我们的投资收益率有什么关系呢？

从国家宏观角度来看，一个国家的经济增长其实是依靠数以万计的企业来实现的，是大大小小的企业共同努力、不断创造财富的结果。因此，GDP 就是衡量国家财富创造和经济发展水平的一个很好的指标。同时，企业的盈利能力要远高于个人和其他机构。

假如我们投资中国的全部企业，那么可以获得的年化收益率在 5% ~ 6%。在所有的企业中，又有部分企业的盈利能力会超过全部企业的平均水平，一个国家的经济正是由那些规模比较大、盈利比较强、活力比较旺盛的企业推动的，尤其是那些上市企业。如果我们把投资范围聚焦在所有的上市企业，那么可以获得的年化收益率预计为 6% ~ 7%。

再聚焦一点，沪深 300 指数、创业板指数、科创 50 指数中的企业可以说是我国上市企业里的优秀代表，这些指数编制的规则和要求，保证了在这些指数中的上市企业都是这一时期经济发展的代表和风向标，如果我们投资这样的指数对应的基金，其实就是覆盖了中国经济未来 10 年的主要发展方向，年化收益率预计可以达到 7% ~ 8%。

所以总的来看，我们可以把 GDP 增速理解为所有大大小小企业增长速度的均值，那么投资到运营水平更高的企业也就有更大概率获得超额收益。因此，这么算下来我们会发现，未来 10 年我国的经济大概率会保持 4.7% 的增长率，同时我们可以通过投资指数基金获得 7% ~ 8% 的年化收益率。

（三）第三问：谁在影响我们赚到这些钱

明白了基金投资赚的是什么钱，以及能赚多少钱，并不等于我们就一定会赚到钱。因为还有很多因素会干扰我们，影响我们赚到这些钱。具体来说，主要分为两类：内部因素和外部因素。

内部因素是指我们自身的情绪、耐心和独立思考的能力。我们前面说过，基金的底层资产主要是股票，而股票的价格波动在短期内可能会非常大，这些波动会很容易激起我们的焦虑、恐慌和贪婪的情绪，而在这些情绪的控制下，我们往往会失去耐心和独立思考的能力，做出错误的投资决策。这也是很多个人投资者投资亏钱的一个根本原因。

对于普通人来说，人性的这些弱点是比较难克服的，所以有效的应对办法就是远离市场，将自己与市场情绪隔离开，也就是采用指数基金定投的方式，选定指数品种，设置好定投金额之后，尽量不去关注市场，这样既可以节省大量的时间和精力，又可以规避很多由个人因素造成的亏损。

外部因素是指那些我们左右不了的因素，包括长期的经济发展周期，中期的行业周期，以及短期的市场波动。

一个国家的经济周期变化，一般都是缓慢、平稳的，不会有太大的波动。对于这个层面的因素，我们只需要去观察长期的大趋势和现在我们所处的位置就可以了。

行业层面的周期则会受到技术创新、市场需求和企业自身经营情况的影响，周期性的变化也会更明显一些。但是各个行业的周期变化并不是同步的，所以如果要想获得平稳的收益，我们可以选择定投宽基指数，这些指数涵盖的行业范围比较广，单个行业的周期变化对指数整体的影响不是很大。

短期的市场波动是无法预测的，而且如前文所说，这些短期的波动还会促使我们错误地做出情绪化的决策。所以对于资本市场上每日发生的价格波动，我们最好的应对方法就是不参与。

总之，只要认定长期的经济趋势没有发生大的变化，我们就只需要按照自己的能力，简单地按定投计划来做宽基指数基金投资。这样至少可以保证我们的长期收益是与整个国家的经济发展同步的。能做到这一点，我们就已经超过了很多人。

四、基金投资的基本方法

（一）拿多少钱来投资

你会拿出多少钱进行投资呢？

全部存款、一半存款还是三分之一存款呢？

大家大概都听说过，可以用100减去自己的实际年龄，来计算自己可以用于投资的资金比例。比如书签客今年33岁，100–33=67，也就是说，书签客可以把自有资金的 67% 用来投资。大家会发现，用“100 – 年龄”这个公式，年纪越轻，可以投资的比例就越高，这也符合实际情况，毕竟年轻的时候可以多进行尝试，通过时间来降低投资的风险。

“100 – 年龄”这个办法虽然简单明了，但是有些“一刀切”，没有针对性，也难以根据个人的实际情况进行调整。那么有没有更好的方法来帮助我们计算自己应该拿出多少钱来投资——既不太复杂，又能够结合自己的实际进行科学理性的规划呢?

下面我在“100 – 年龄”这个公式的基础上，结合每个人的实际，给出一个新的公式，方便大家根据自身的情况来配置投资理财的资金。我们先来看看这个公式：

理财账户资金 =（闲置资金总额 – 生活备用金账户金额）×（100 – 年龄 + 风险系数）%

下面我们来拆解一下这个公式，看看它有什么神奇之处。

闲置资金总额：这个很好理解，就是除了我们每个月的各种开销之外，现在有多少钱可以用来投资。

生活备用金账户金额：就是我们经常讲的未来 3 ~ 6 个月的生活费，是家庭应急备用的钱，不建议用来投资，可以放在货币基金、短期债券基金里，保证能够随存随取即可，以备家庭不时之需。

100 – 年龄：这个公式书签客在前面详细介绍过用法，随着我们年龄的增长，理财更多的是求稳，因此年龄越大，用来投资的钱就要越少。我们可以根据实际年龄来计算。

风险系数：在这个公式里面，最重要的一个变量就是风险系数了，风险系数从名字上看，大家就会发现，它与每个人承受风险的能力有关系。风险承受能力因人而异，而且是一个综合衡量的指标，它与我们每个人的家庭情况、个人资产情况和工作都密切相关。

那么我们应该如何评估自己的风险承受能力呢？书签客制作了一个风险承受能力评估表，来方便大家计算出自己的风险承受等级和分数（见表 4-1）。

表 4-1　风险承受力分类与评分

分数	10 分	8 分	6 分	4 分	2 分
就业状态	公务员或事业单位人员	企业上班族	自由职业者	自主创业	待业
家庭负担	未婚	双薪无子女	双薪有子女	单薪无子女	单薪养三代
置业情况	投资不动产	有自有住房无贷款	房贷剩余金额小于 50%	房贷剩余金额大于 50%	无自有住房
投资经验	10 年以上	6 ~ 10 年	2 ~ 5 年	1 年以内	无
理财知识	有专业资质	财经专业毕业	有一些研究心得	了解一些	无
年龄	总分 50 分，25 岁以下均为 50 分，每多一岁少 1 分，75 岁以上为 0 分				

风险评估表主要包含六个方面：就业状态、家庭负担、置业情

况、投资经验、理财知识和年龄。

比如，我们把就业状态大致分为公务员或事业单位人员、企业上班族、自由职业者、自主创业、待业等五个类别。

再比如家庭情况主要是看自己是否结婚以及是否有子女，当然在这一栏里我们为了简便起见，没有区分家里是否有二孩或三孩，大家可以根据自己的情况和上面的表格进行大致匹配，最终的目标其实是计算出自己的风险承受能力。

最后，在年龄方面，总分是 50 分。如果你是 25 岁以下，比较年轻，那么我们会给予满分 50 分；如果在 25 岁以上，分数会根据年龄而递减；超过 75 岁再进行投资的风险太大，我们就不再给予分值了。

每一个项目都对应多个不同的状态，针对每个状态我们会有对应的分值（2 ~ 10 分）。我们需要做的就是按照自己的实际情况来计算出对应的分数，然后把这几个单项分数加总求和即可。

我们来举个例子，假如书签客今年 33 岁，在一家互联网企业工作，妻子也在民营企业上班，有孩子需要抚养，目前家里有一套正在还贷款的房子，不是金融或者理财科班出身，对理财知道一点，目前已经有了 2 ~ 3 年的投资经验。

那么书签客的风险承受能力有多大呢?

- 在企业工作虽然比不上做公务员和在事业单位工作稳定，但还是有比较可观的工资收入，因此在就业状况上得分是 8 分。
- 夫妻两人都在工作，同时需要抚养孩子，因此生活压力和开销不大不小，家庭负担得分是 6 分。

- 目前有一套房子正在还贷款过程中，房贷剩余金额超过 50%，所以置业得分是 4 分。
- 投资已经有 2 ~ 3 年的时间，算是有一点点投资体会，投资经验这方面可以得到 6 分。
- 由于不是专业理财师，也不是科班出身，在投资知识上得分是 4 分。
- 33 岁正当壮年，按照 50–（33–25）=42 计算，年龄得分是 42 分。

根据以上评分标准，书签客的风险承受力得分 =8（就业状况）+6（家庭负担）+4（置业状况）+6（投资经验）+4（投资知识）+42（年龄）=70

那么，70 分在风险承受力等级里属于什么级别呢？ 相应的风险系数得分又是多少呢？我们把风险承受等级按照前面的分数进行分级，不同等级对应的风险系数得分不一样（见表 4-2）。

表 4-2　风险承受力等级与风险系数得分

所得分数	0 ~ 19 分	20 ~ 39 分	40 ~ 59 分	60 ~ 79 分	80 ~ 100 分
风险承受等级	很低	低	一般	较高	高
风险系数得分	–20	–10	0	10	20

从表 4-2 中我们可以发现，风险承受能力越低，风险系数得分也越低。风险系数得分范围在 –20 ~ 20 分。根据上面案例测算出书签客的得分是 70 分，对应的风险承受力等级是较高级，风险系数得分是 10 分。

同时，考虑到书签客有 8 万元可以投资，扣除 3 万元生活备用金，那么书签客最后可以用来投资理财的金额是多少呢？我们把刚才测算的结果套入公式当中，来看看计算结果：

理财账户资金 =（闲置资金总额 – 生活备用金账户金额）×（100– 年龄 + 风险系数）%=（80000–30000）×（100–33+10）%=38500

也就是说，经过测算，书签客可以拿出 38500 元来进行投资理财。这部分资金可以用来对股票、基金、国债、“固收 +”类产品等不同风险等级的投资产品进行配置组合。

相信大家通过上面的方法也发现了，整个分析和计算过程比较严谨，而且是根据每个人的自身情况进行打分。大家也可以根据家庭情况，来试着给自己打打分，看看自己适合拿出多少钱来进行投资。

最后需要跟大家说明几点。

1. 虽然我们的方法让传统的“100 – 年龄”公式更加科学、严谨，但不可否认，年龄在其中还是起到了关键作用。年轻人可以用更大比例的资金来进行投资，即使失败了也有很多时间可以翻盘。当年纪比较大的时候，我们就需要保守一点，确保本金的安全才是最关键的。

2. 公式不是一成不变的，而且并没有穷尽各种可能性，没法兼顾所有人。同时，我们每个人、每个家庭的情况都在时刻变化，大家处于不同的人生阶段，因此我们可以定期来做评估，或者根据自己的情况增加评估的选项和分值，从而更加客观地反映你我的实际情况。

（二）为什么要坚持长期持有

有过投资经验的读者多半都听说过，要坚持长期投资，只有长期投资才能获得超额的收益。长期持有是很难做到的事情，但却是在投资过程中必须坚持的事。

这里大家要注意的是，不能简单地认为投资 10 年就是长期投资，投资 1 年、2 年、4 年就不是长期投资——实际上抠字面的时间和定义并没有意义，更重要的是需要掌握正确的方法和信息。

要知道，我们不能未卜先知，所以很难做到精准择时。我们总以为自己是例外，可以精准逃顶，但是往往因此错过了该获得的上涨，甚至连下跌也没有躲过。要知道，那些让我们获得满意回报的投资时点是很难预测的，只有一直在牌桌上，你才能有赢牌的机会。如果离开牌桌，就只能扼腕叹息了。在《投资第一课》中，作者引用了一组很有意思的数据。

有学者统计了在 1996—2015 年的 20 年里，投资美国标普 500 指数的历史回报，发现了以下几个结论。

1. 如果在这 20 年的时间里，你持有股票不动的话，年化投资收益率是 4.8% 左右。

2. 如果你错过了这 20 年里上涨幅度最大的 5 个交易日，那么你的年化收益率就会下降到 2.7%。

3. 如果你错过了这 20 年里上涨幅度最大的 10 个交易日，那么年化收益率就会仅为 1.3%，和货币基金基本没有差别。

4. 如果你错过了这 20 年里上涨幅度最大的 40 个交易日，那么年化收益率就会变成 –4%。

也就是说，如果在这 20 年的 4000 多个交易日里，要是错过其中 1%（涨幅最大）的交易日，那么这 20 年投资下来，总收益居然还是负的。但是这 40 个涨幅最大的交易日，能否被事先预测到呢？

很显然，没有人能够预测。我们能做的就是留在市场中，等待幸运女神的眷顾。

从这些分析中我们可以看到，投资理财的回报在时间上的分布是不均匀的。不管对于基金还是单只股票，很可能我们大部分时间都是在等待，无聊的、寂寞的等待，而真正的上涨或者下跌，只是在很短时间内发生的事情。这种不均匀的分布也符合 20/80 定律，也就是说，80% 的收益来自 20% 的时间，这一点我们通过回测数据可以进一步证实（见图 4-2）。

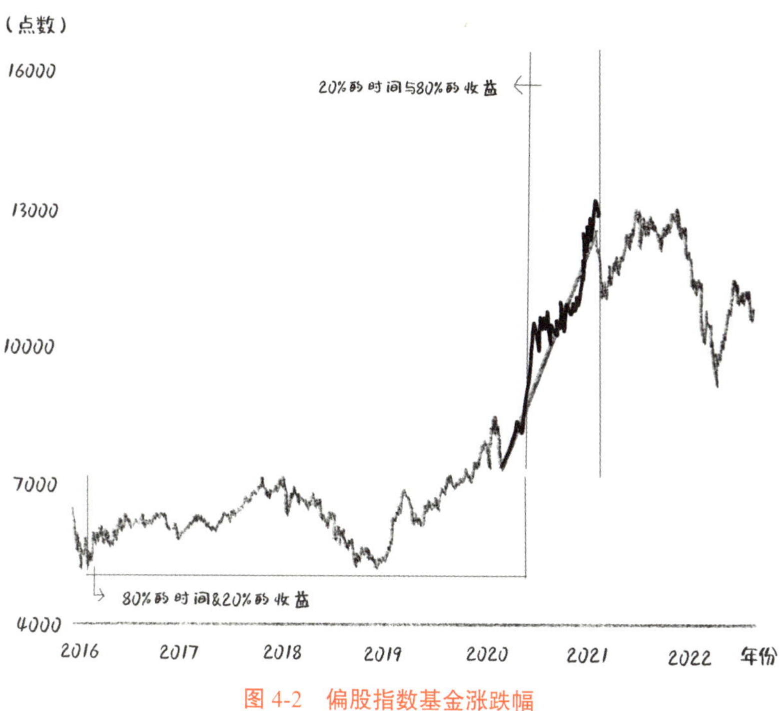

图 4-2　偏股指数基金涨跌幅

基于 2016—2022 年的数据，我们发现国内市场中偏股指数基金就符合这样的特点。2021 年以来的市场更是这样，在震荡中正在经历新一轮 80% 的等待、布局区间，因此要想挣到钱，你就要耐得住这 80% 的时间里的寂寞。

等待其实非常熬人，大部分人都会选择卖出，然后继续追寻新的热点。只有控制住自己频繁交易的欲望，我们才能因此尽量避免错过高涨幅交易日，拉长来看，也优化了我们持有基金的体验。世界上没有稳赚不赔的好事，即使有，也肯定不会出现在股票市场上。我在这里说这些，就是想告诉大家，投资中最大的挑战就是心态，如果抱着一夜暴富、单车变摩托的想法，你就很难以正常的心态面对账面浮亏。

股票投资对于普通人来说，只能作为一种投资理财方式，我们不能把它当作实现人生梦想的工具。只有在短期收益上不纠结，拿得住、坐得稳，我们才能熬过一两轮完整的牛市，实现较高的收益。在股票投资的游戏里，需要用屁股挣钱，而不是用脑子挣钱。因为脑子总是会被情绪干扰，容易作出错误的决定；屁股就好很多，厚实而且对疼痛不敏感，反而更适合做投资决策。

（三）投资应该集中还是分散

投资时应该集中还是分散，是经常有人提出的问题。有的人坚信“鸡蛋不能放在一个篮子里”，也有人认为自己钱本来就不多，不如集中投入，博取超额收益。而且后者还会拿巴菲特来举例子，说巴菲特一生只投资了少数几家公司，长期收益非常高。

但书签客想说的是，投资是应该集中还是分散，其实跟你拥有的资金量关系不大，跟你对所投资的股票或基金的理解程度关系很大。巴菲特之所以能靠集中投资获得超过市场平均水平的投资收益，是因为他是巴菲特，他对于所投公司的理解深度要大大超过其他人。而且，巴菲特也曾在多个场合建议，普通人最好是投资标普 500 指数基金，即应该分散投资。

所以，在回答应该集中投资还是分散投资这个问题之前，我们需要先评估一下自己，看自己对于所要投资的上市公司到底有多深的理解。对于大多数人来说，承认自己是个普通人，选择分散投资的方式，定投宽基指数基金，是更稳妥的选择，也会大大提升长期投资获利的概率。

（四）止盈赎回前，你需要回答的三个问题

我们经常听到一句话：会买的是徒弟，会卖的才是师傅。那么在基金投资过程中，我们什么时候赎回更合适呢？或者说，在我们出现盈利的时候，想要进行止盈的话，主要应该看哪些因素呢？

1. 赎回的钱是否要急用

比如，赎回的钱用来治病、还房贷等，这样的情况下可以按照个人的实际需求来操作，就不用纠结于盈利多少的问题了。毕竟，本身赎回的钱就是着急要用的，时间大于一切。

2. 赎回的钱是否有更好的投资标的

如果赎回的目的是因为发现了更适合自己的投资标的，那么皆大欢喜。通过赎回，一方面可以全面审视自己的投资组合，做个全面体检；另一方面可以把真正好的基金留下来。当然，如果没有更好的投资标的，那么不要着急赎回基金。

3. 如果赎回，要一次性全部卖出吗

在上涨行情中考虑止盈时，不必一次性全部赎回基金，可以设置几个止盈点，比如 15%、25%，当收益率达到止盈点的时候，可以考虑先部分赎回基金，这样就可以避免错过后续的行情。

具体该如何设置自己的止盈目标，书签客将会在下一节给大家详细介绍几个方式。

（五）基金投资止盈的三种方式

投资和生活有些类似，有两件事情比较重要：一个是做对的事情，另一个是把事情做对。比如基金投资止盈，就是一件非常重要的事情，你需要认真对待，不仅要做对基金投资止盈这件事，而且要尽可能做好。

我们知道，在投资理财过程中，情绪对每个投资人的影响非常大，市场的短期上涨或下跌，往往会让我们因为情绪冲动而做出错误的交易决策。所以，作为一个成熟的投资者，学会合理地止盈是一门必修课。今天我们就来重点说说基金投资该如何止盈。

1. 止盈方法一：目标止盈法

书签客在之前章节里经常跟大家说，可以根据国家经济发展目标、上市企业盈利周期等设定一个宏观的投资理财目标。

比如，你根据未来一段时间对国家经济发展的判断以及对企业盈利的分析，觉得自己的投资可以达到年化预期收益率 9%，那么达到

目标后就可以果断赎回、落袋为安。因此，止盈公式一具体如下：

目标收益率 = 预期投资年限 ×（基金年化收益率 + 年 CPI 增长率）

举个例子：假如你的投资年限是 3 年，预期年化收益率是 9%，年度 CPI 增长率按照 3% 来计算，那么最终的止盈目标收益率为：

目标收益率 = 预期投资年限 ×（基金年化收益率 + 年 CPI 增长率）

=3×（9%+3%）=36%

止盈公式一可以帮助我们设定好投资理财过程中落袋为安的目标，如果你对市场波动比较敏感，也可以在此基础上多设置几个阶段性止盈点，并且按步骤分次赎回。比如在收益率达到 20% 的时候，赎回 1/3 的基金，剩下的份额可以继续博取高收益。

2. 止盈方法二

应用止盈方法一，需要你对自己的投资收益率目标非常明确。但实际上，仅仅这一点就会让很多人犯难，因为人们很难给自己定下一个客观且符合自己实际情况的预期年化收益率，到底是把年化收益率定为 5%、10% 还是 20% 呢？

定得太低，很容易就能够实现，没有挑战性，收益率也不高；定得太高，难以实现，也就失去了止盈的意义。

如果我们没法自己确定收益率目标，能否找一个客观指标来替代呢？

这里我们可以用“10 年期国债收益率”来替代预期年化收益率，

国债前面我们讲过，有国家信用背书，违约风险极低，可以看作是市场上无风险收益率的基准。用国债收益率来做预期收益率的话，稳定性和可靠性都没的说。所以，止盈公式二是：

目标收益率 = 预期投资年限 ×（10 年期国债收益率 + 年 CPI 增长率）

举个例子：**假如你的投资年限是 3 年，当前的 10 年期国债收益率为 3.5%，**年 CPI 增长率按照 3% 来计算，那么最终的止盈目标收益率为：

目标收益率 = 预期投资年限 ×（10 年期国债收益率 + 年 CPI 增长率）

=3×（3.5%+3%）=19.5%

虽然这个公式里的目标收益率没有前面的高，但是却充分考虑到了 CPI 增长率和无风险收益率，让目标制定得更加接地气，更具有可操作性，风险也比较低。

3. 止盈方法三

在止盈方法二里，我们用国债收益率作为投资收益率的目标，虽然稳定性很强，但是整体收益率降低了不少，对于一些风险承受能力比较强的人来讲，可能不是很适用。

为此，书签客进一步对止盈公式进行完善，看看还有哪些指标适合作为收益率目标。

大家都知道 CPI（消费者价格指数）、GDP（国内生产总值）和 M2（流通于银行体系之外的现金加上企业存款、居民储蓄存款以及其他存款）等国家宏观经济指标，它们能够客观公正地反映出一个国家的经济发展水平。

如果我们的投资收益率超过了 CPI 的增速，只能说明我们的投资刚刚达标，勉强跑赢了物价上涨速度。

如果我们的投资收益率超过了 GDP 的增速，说明我们的投资能力基本与国家经济发展的平均水平持平，可以跟着国家经济发展稳步提升我们的生活品质。

如果我们的投资收益率超过了 M2 的增速，说明我们的投资能力已经超过了国家货币发行的速度，这才是真正的超额收益。

为此，我们在止盈公式三里，引入了 M2，把年 CPI 增长率替换为 M2 增速。从过去 7 年的数据来看，我国的 M2 平均增速在 11% 左右，那么我们的止盈公式就可以修改为：

目标收益率 = 预期投资年限 ×（10 年期国债收益率 +M2 平均增速）

举个例子：假如你的投资年限是 3 年，当前的 10 年期国债收益率为 3.5%，M2 平均增速按照 11% 来计算，那么最终的止盈目标收益率为：

目标收益率 = 预期投资年限 ×（10 年期国债收益率 +M2 平均增速）

=3 ×（3.5%+11%）=43.5%

三个止盈公式就介绍到这里，书签客需要在最后说明的是：每个人的生活和经济情况都不尽相同，我们在设定止盈目标的时候需要根据自己的实际情况，尤其是自己的投资目标进行合理匹配。既要符合实际，又不能好高骛远，不然只能是自己给自己挖坑，而且还容易平添烦恼。

在公式使用的过程中，你也可以根据自身的情况进行指标和数值的调整，毕竟止盈公式的目标是为了让你的投资路径更加清晰，切莫本末倒置。

（六）基金要定投多久

相信大家对基金定投都不陌生，很多文章和书籍里都告诉大家要坚持基金定投，尤其是对于没有多少投资经验的普通人来讲，基金定投是一个比较稳妥的投资策略。

但问题是，定投多久合适呢？是 3 年、5 年还是 10 年？

我们都知道基金定投之所以适合大部分人，是因为基金定投具有“分批买入，均摊成本”的优势。每一次买入都会影响你的整体投资成本，但是这种影响会随着定投次数的增多和时间的增长而逐步衰减。

举个例子，书签客看好一只基金 A，决定每个月的 4 日买入该基金，每月投资金额为 2000 元，那么经过一段时间的投资之后，会有什么变化呢（见表 4-3）？

1. 如果定投持续了 6 个月，总计投入 6×2000=12000 元，那么下个月定投扣款占定投总成本的比例为：2000/12000≈16.7%。

2. 如果定投持续了 18 个月，总计投入 18×2000=36000 元，那么下个月定投扣款占定投总成本的比例为：2000/36000≈5.6%。

3. 如果定投持续了 54 个月，总计投入 54×2000=108000 元，那么下个月定投扣款占定投总成本的比例为：2000/108000≈1.9%。

4. 如果定投持续了 120 个月，总计投入 120×2000=240000 元，那么下个月定投扣款占定投总成本的比例为：2000/240000≈0.83%。

表 4-3　定投扣款情况

定投次数	定投金额	定投总额	下次扣款占比
6 个月	2000 元	12000 元	16.7%
18 个月	2000 元	36000 元	5.6%
54 个月	2000 元	108000 元	1.9%
120 个月	2000 元	240000 元	0.83%

通过表 4-3 我们会发现，随着时间的推移，单次定投对总成本的影响会越来越小。比如在第 55 次定投的时候，定投金额只占总成本的 1.9%。而 1.9% 的占比甚至比基金交易净值的单日波动还要小，更别说基金定投超过 100 次甚至 120 次的单次定投金额占比了。

换句话说，随着基金定投次数的增加，定投在分摊成本方面发挥的作用会越来越小，甚至可以忽略不计。

比如 120 次定投之后，单次定投金额对基金的影响连 1% 都不到，仅为 0.83%。也就是说，此时你的总体基金持仓基本上和股市本身的波动情况一致，定投的作用已经基本失去了价值。

因此，基金定投是一个非常好的投资方法，但是在基金定投超过一定次数的时候，我们就可以考虑停止定投了。那这个定投次数，到底定为多少合适呢？

在这里，书签客给出一个自己总结的经验，那就是：

当你对某只基金已经连续定投超过 50 次的时候，定投金额占投资总成本的比例已经非常低，基本上在 2% 左右，这时你就需要关注一下基金的整体收益情况，并开始制定下一步策略了，比如赎回，落袋为安。

当收益和本金落袋为安之后，我们也就完成了一次投资的“闭环”操作。

五、你真的了解指数基金吗

普通投资者应该如何拿自己的血汗钱进行稳妥的投资呢？

事实上，很多投资大师都给出过类似的投资建议。

比如彼得·林奇，这位 46 岁就退休的投资大师，在 1977—1999 年实现了 29% 的年化收益率，是全球知名的主动型基金管理人之一，但是彼得·林奇在反思金融服务业缺陷的时候说："市场形势正在恶化，而专业人员的堕落更加令人不安，选择指数基金应该会给投资者带来更多回报。"

再比如比尔·米勒，被称为当代伟大的投资经理，他在一次接受采访的时候说："投资者应该把投资的绝大部分放在指数基金上。除非你很幸运，能够找到出类拔萃的主动型基金经理人，否则指数基金更有可能为你带来愉悦的投资体验。"

还有我们经常介绍的巴菲特，他曾经说过："总体而言，专业理财经理不会给我们带来财富，持有普通股的最佳途径就是购买指数基金。"

可以看出，投资指数基金是投资大师们对于普通人的共同建议。与此同时，如果我们要最大限度地减少自己的投资成本，使资金收益最大化，提高财富积累的速度，那么主动型基金管理者的利益与投资者的利益是相冲突的，因为主动型基金的管理费、交易成本、销售佣金都要比指数基金高。而指数基金的各种"看不见"的费用要远远低于主动型基金。

（一）什么是指数基金

指数基金大家并不陌生，前文已经介绍过，巴菲特等很多投资大师都推荐过这种产品。毕竟，作为一个普通人，我们没有很强的投资能力，能赚取市场平均收益就已经满足了。

为什么投资指数基金就能获得市场平均收益呢？在回答这个问题之前，我们先来看看什么是指数。

在国内股票市场上，上市公司已经超过 5000 家。对这么多只股票，投资者很难做到 24 小时全方位关注。为了更加直观地反映整个股票市场的走势，一些金融机构选出了一部分具有代表性的股票，来反映整个市场的变化情况。

沪深 300 指数，就是选取了在上海证券交易所和深圳证券交易所上市的 300 家具有代表性的股票计算而来，从而反映了市场整体走势。

指数基金就是投资某一指数所含有的股票的基金。比如沪深 300 指数基金就是按一定比例投资这个指数包含的 300 只股票的基金。

简单看一下这里面的逻辑关系，大家就清楚了：

指数—沪深 300 指数—沪深 300 指数基金

（二）指数基金的优势与不足

可能有读者会觉得，买指数基金没有买股票赚得多、赚得快，自己应该是永远可以超越大盘表现的人。况且国内市场的指数近年来表现不佳，上证指数十年不涨，买指数基金简直太傻了。

事实真的如此吗？

不可否认，国内市场确实存在许多优秀的投资者，但官方披露的数据可以代表大多数投资人的真实表现。据中国证券登记结算有限责任公司统计，截至 2020 年，沪深两市投资者超过 1.8 亿。但追涨杀跌型的投资者占比超过 45%，也就是说，其中有相当一部分人是追涨杀跌型的。那么指数基金的优势在哪里呢？

1. 大部分指数天然具备优胜劣汰的能力

如果把指数和经济社会发展联系起来，大部分股票型指数属于正向指标，是反映了社会进步、公司向前发展的“正能量”指标，体现的是企业创造价值的能力。指数公司在编制指数的时候，通常会制定指数调整样本股的规则和周期，每隔一段时间就会把表现较差的公司剔除出去，把表现较好的公司纳入进来。因此，指数其实是优秀公司的聚集地，毕竟优秀的公司能够比差公司更好、更持续地创造价值。

我们以美国道琼斯工业指数为例，这个指数有 130 多年的历史，组成指数的成分股有 30 只，但是在过去的 100 多年中，没有哪家公司可以一直被列入成分股之中。在指数中待的时间最长的通用电气公司，也在 2018 年被剔除了。所以，不符合市场趋势的企业都会被指数无情淘汰。

指数成分股的变化与时代变迁有很大的关系，道琼斯工业指数从问世到现在经历了美国社会从铁路、电报、电话的时代，到石油、钢铁、汽车行业蓬勃发展的时代，再到以金融、医药、信息技术等行业为代表的时代。每个时代都有每个时代的特点和发展规律，也都会有相应的代表性企业，但不是每家企业都可以永远成为时代的弄潮儿。

这也说明了大部分股票都只是火热一时，趋势一旦过去，许多公司能否存活下去都很难讲，更不用提跑赢指数了。

我们唯一需要关注的就是开发指数的公司是否会倒闭，庆幸的是，我国大部分指数开发公司都是大型国有企业，例如中证指数有限公司是上海证券交易所和深圳证券交易所合资成立的，因此稳定性相对比较强。

2. 不用担心基金经理的道德风险和能力不足

书签客一直说基金经理是一个基金的灵魂，尤其是在资产管理领域，无论是公募基金还是私募基金，职业经理人的能力和道德水平对业绩有很大的影响。但是指数基金不存在这样的问题，因为指数的编制规则是公开透明的，指数成分股的名称和权重都可以公开获得，指数基金只需要按照指数开发公司的授权对指数进行同比例复制就可以，其中几乎不需要基金经理的主观判断，也不需要基金经理主动挑选股票，基本不涉及基金经理及团队的投研能力。因此在分析指数基金时，我们可以把基金管理人的道德风险和能力排除在外。要知道，国内的基金经理一般管理一只基金的时间大概是 4 年左右，在鼓励个人投资者进行价值投资、长期投资的当下，基金经理的变动无疑会增加我们筛选好基金的难度。因此，指数基金的优势在这个时候就凸显出来了。

3. 避免赚了指数不赚钱的尴尬

很多投资者经常说的一句口头禅就是："赚了指数不赚钱。"即使手里满仓了股票，市场也在上涨，但是自己手里的股票就是趴在那里不动，这种满仓踏空的感受会让人心烦意乱。尤其当市场处在底部的时候，很难预测什么时候会反弹，这个时候如果投资指数基金，投资者就可以在反弹或者牛市初起的时候避免踏空，获得比较好的收益。再加上指数基金的费率相对于混合基金和股票型基金都很低，长年累月下来会有不少的收益率差距。

说了这么多指数基金的优势，但指数基金也不是万能的，它本身还是有很多不足的，作为投资者，我们也需要客观看待。

1. 无法获得超额收益

在超额收益方面，主动型基金确实更胜一筹，尤其是那些优秀的基金经理在某一段时间内往往可以获得让很多人羡慕的高收益，成为大家关注的焦点。在遇到较好的市场机会或者风险的时候，主动型基金会通过调仓来抓住机遇或者降低风险。指数基金要跟踪指数的变化，随时保持满仓，不能随意调整仓位和成分股，因此想通过指数基金获得超额收益难度很大。

2. 在市场低迷阶段抗风险能力弱

最近这几年，大家应该能够明显地感受到，由于全球经济形势下滑，一些企业的盈利远不及预期。在这种形势下，主动型基金可以调整自己的投资策略，对市场的变化迅速作出调整，并在基金仓位和股票选择上体现出来。虽然指数基金也会根据指数的变化和规则进行调整，但是反应显然不如主动基金迅速。同时，在市场低迷时期，指数基金也要承受较大的压力，甚至是亏损，这对投资者是一种考验。

（三）从编制规则中筛选优秀指数

不同的指数编制方式会有很大的差别，比如都是红利指数，但是同时存在中证红利、深证红利等多个具体指数，对应的编制规则也不尽相同。编制方法和规则的好坏决定了指数的命运，优秀的编制方法和规则可以让指数保持优秀的收益，那么如何根据指数编制规则的差异来挑选合适的指数呢？

1. 样本空间里大有乾坤

指数开发公司在编制指数的时候，会圈定一个范围，把那些初步符合要求的股票放进来，这就是我们所说的样本空间。

有了样本空间，指数开发人员会按照自己制定的规则在样本空间里筛选符合条件的股票。因此，划定样本空间是挑选指数成分股的第一步工作。

前文介绍过，指数基金很难获得超额收益，尤其是当指数的成分股数量接近样本空间股票总量的时候，这个指数的表现就近似于市场的整体表现，收益也就相当于平均收益了。这种指数多半是以综合指数或者规模较大的宽基指数为代表的，比如上证 A 股指数、中证全指指数等，在这些指数里，好公司、差公司都在一起，虽然能够代表整个市场的表现，但是对投资者来说并没有把更多优秀的公司挑选出来，因此我们可以在样本空间基础上增加一定的筛选门槛，让有资格的公司成为满足指数条件的成分股，这样才能更加符合指数开发的宗旨。我们以上证 A 股指数和上证 380 指数在样本空间的筛选规则来做个比较（见表 4-4）。

表 4-4 上证 A 股指数和上证 380 指数

指数名称	上证 A 股指数	上证 380 指数
指数代码	000002	000009
样本空间	上证 A 股指数的样本空间由在上海证券交易所上市的 A 股组成。ST、*ST 股票除外	由上证 A 股指数的样本空间中剔除下列股票后的沪市股票组成： （1）上证 180 指数样本 （2）最新一期财务报告中未分配利润为负的公司 （3）成立 5 年以上且最近 5 年未派发现金红利或送股的公司
选择方法	上证 A 股指数选取所有样本空间内的股票作为指数样本股	（1）计算样本空间内股票的营业收入增长率、净资产收益率、成交金额和总市值的综合排名 （2）按照中证二级行业的自由流通市值调整比例、分配样本股只数。具体计算方法如下：第 i 行业样本配额 = 第 i 行业所有候选股票自由流通调整市值之和 / 样本空间所有候选股票自由流通调整市值之和 ×380； （3）按照行业的样本分配指数，在二级行业内选取综合排名最靠前的证券
指数特点	反映上海市场 A 股股价的整体表现	上证 380 指数以剔除部分股票后的沪市股票为样本空间，从中根据证券营业收入增长率、净资产收益率、成交金额和总市值的综合排名，并按照中证二级行业的自由流通市值比例分配样本只数，在二级行业内选取综合排名最靠前的 380 只证券作为样本

很明显，从表 4-4 中，我们可以看到上证 A 股指数和上证 380 指数在样本空间、选择方法、指数特点上有很大的差异。上证 A 股指数的样本空间仅仅剔除了暂停上市以及退市的公司，其他的股票则不做区分都拿到了指数当中。但是上证 380 指数在此基础上，从企业的业绩、对投资者的回报等多个角度进行了筛选，相当于从基本面、交易量、市值规模等多个角度来评价需要入选指数的公司，力求汇聚资产质量更好的优质公司。显而易见，这种评价和筛选方法要比单纯地依靠市场因子评价更加客观、公正。

那么这两种指数的表现又如何呢（见图 4-3）？

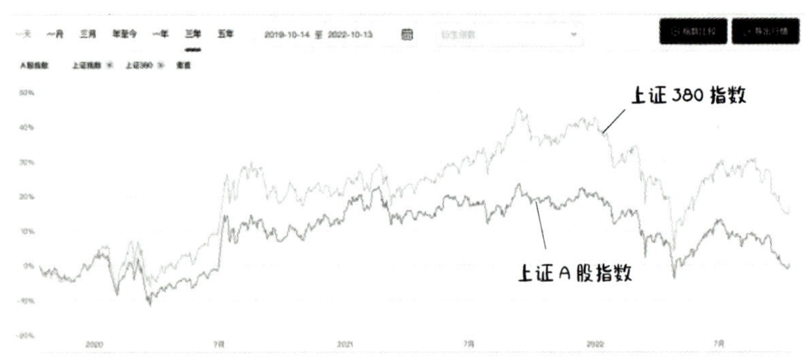

图 4-3　过去 3 年上证 A 股指数与上证 380 指数的收益率

从图 4-3 我们可以看到，过去 3 年上证 380 指数的收益率要远远好于上证 A 股指数，具体来看，近 3 年来上证 380 指数的年化收益率是 6.14%，上证 A 股指数的年化收益率仅为 0.58%。

因此，上证 A 股指数与上证 380 指数的案例生动说明，如果能够充分利用指数样本空间的编制差异，我们基金投资的收益率会有很大的提升。

虽然指数基金难以像主动型基金那样可以在短期内获得超高的收益，但是拉长时间看，优秀的企业总会脱颖而出。因此，通过更加科学、客观的策略，指数可以反映出优秀公司的价值，长期的超额收益也会更加明显。

因此，针对样本空间，我们要尽量避免选择覆盖整个市场股票以及很少对股票进行筛选的指数，这样的指数上涨很慢，甚至连 CPI 也跑不赢。

2. 筛选方法助力收益提升

编制指数如同装修房子一样，有些指数是毛坯房，有些指数则是精装修。毛坯房和精装房的本质差别就是指数成分股的筛选方法不同。因此筛选方法越清晰、细化，越能凸显出指数开发公司开发相关指数的目标。

那么对于同一类指数也会有筛选方法的不同吗？

事实上，市场上有很多相似的指数是由不同的公司开发的，所以在筛选方法上还是有差异的，从而导致最终的指数走势也有区别，如果拉长时间看，这种差别还会使收益率的高低差距越来越明显。

我们以国内市场为例，先来看看大家经常提到的红利指数，我们选择市场上常见的 3 个红利主题指数——上证红利指数、中证红利指数、深证红利指数，下面我们来看看同样都是红利指数，在编制方法和成分股筛选上有什么区别（见表 4-5）。

从表 4-5 可以看到，从样本空间、筛选方法等多个角度来看，深证红利指数在 3 个红利指数中都是最精益求精的一个。

第一，在筛选空间方面，深证红利指数剔除了暂停上市和准备退市的企业，也不涵盖股价异常波动的企业，因此规则相对合理公证一些。

第二，在分红稳定性方面，一些公司会在短期内进行大量分红，但是这种行为不具有长期性和稳定性，可能只是个别年份的特殊炒作，背后有可能存在股东套现等行为，因此，长期来看对于投资者不见得是好事，为此我们可以看到深证红利指数把这部分公司也剔除了。

第三，在分红时间方面，我们可以看到深证红利指数的考察期是 3 年时间，中证红利指数是 2 年，同时深证红利指数对分红的绝对值也有明确要求，既考虑现金分红也考虑股票股利，这样可以保证健康的优秀企业长期留在样本空间里，长期来看，这对投资者是一种利好。

当然，样本空间和筛选方法只是判断指数的一个维度，我们在选择指数基金的时候，还需要结合其他指标一起来综合分析哪只指数基金更适合自己。

表 4-5　不同指数在编制方法和筛选方面的区别

指数名称	上证红利指数	中证红利指数	深证红利指数
指数代码	000015	000922	399324
样本空间	上证的 A 股股票中满足以下条件的股票：（1）过去 1 年日均总市值排名在前 80%；（2）过去 1 年日均成交金额排名在前 80%；（3）过去 3 年连续现金分红且过去 3 年股利支付率的均值和过去 1 年股利支付率均大于 0 且小于 1	沪深 300 指数的样本空间中满足以下条件的股票：（1）过去 2 年连续现金分红且每年的税后现金股息率均大于 0；（2）过去 1 年内日均总市值排名在前 80%；（3）过去 1 年内日均成交金额排名在前 80%	在深圳证券交易所上市交易且满足下列条件的所有 A 股：（1）非 ST、*ST 股票；（2）考察期内股票价格无异常波动情况；（3）最近 3 年里至少有 2 年实施分红，其中分红包含现金股利和股票股利；（4）在最近 3 年里，股息率（每股分红 / 最近 1 年内经复权调整的股价）至少有 2 年的市场排名进入前 20%；（5）近半年内日均成交金额高于 500 万元
选择方法	对样本空间内证券，按照过去 3 年平均税后现金股息率由高到低排名，选取排名靠前的 50 只证券作为指数样本	对样本空间内的股票，按照过去 2 年的平均税后现金股息率由高到低排名，选取排名靠前的 100 只股票作为指数样本	将备选股票按前 3 年累计分红金额占深市上市公司分红金额的比重和最近半年日均成交金额占深市比重，按照 1 : 1 的比例进行加权排名，并考虑经营状况、现金流、公司治理结构、防止大股东恶意高送股变现等综合因素后，选取排名在前 40 名的股票
特点	上证红利指数选取在上海证券交易所上市的现金股息率高、分红比较稳定、具有一定规模及流动性的 50 只股票作为成分股，以反映沪市高股息率股票的整体表现	中证红利指数从沪深市场中选取现金股息率高、分红稳定、具有一定规模及流动性的 100 只上市公司股票作为指数样本，以反映沪深市场高红利上市公司股票的整体表现	反映深圳市场中具有稳定分红历史、较高分红比例的上市公司股票的整体表现

（四）几个有代表性的宽基指数

在 A 股市场上，宽基指数主要是由中证指数和国证指数提供编制方案，具体来看，主要有以下特点（见表 4-6）。

表 4-6　宽基指数编制特点

<table>
<tr><th>市值排名</th><th>股票数量</th><th colspan="2">中证指数体系</th><th>股票数量</th><th>国证指数体系</th></tr>
<tr><td>1 ～ 300</td><td>300</td><td>沪深 300</td><td rowspan="2">中证 800</td><td rowspan="3">1000</td><td rowspan="3">国证 1000</td></tr>
<tr><td>301 ～ 800</td><td>500</td><td>中证 500</td></tr>
<tr><td>801 ～ 1000</td><td rowspan="2">1000</td><td colspan="2" rowspan="2">中证 1000</td></tr>
<tr><td>1001 ～ 1800</td><td rowspan="2">2000</td><td rowspan="2">国证 2000</td></tr>
<tr><td>1801 ～ 3000</td><td></td><td colspan="2">空缺</td></tr>
</table>

从选股标准来看，沪深 300 指数是由上海证券交易所和深圳证券交易所的全部 A 股中规模最大、流动性最好的前 300 只股票组成的。以此类推，中证 500 指数就是在沪深 300 指数挑选剩下的股票里再选出 500 只股票，而两者共同构成了中证 800 指数；中证 1000 指数是剔除了中证 800 指数的成分股之后，由规模偏小且流动性好的 1000 只股票组成的。

以上是传统意义上的分类，如果我们换一个角度，从市值的角度再来看沪深 300、中证 500 等指数，会有新的发现。

我们把流通市值小于 100 亿元的股票称为小盘股，把流通市值在 100 亿～ 500 亿元的称为中盘股，把流通市值在 500 亿～ 1000 亿元的称为大盘股，市值大于 1000 亿元的是超级大盘股。这样算来，沪深 300 指数其实代表的是大盘股指数；中证 500 指数代表的是中盘股指数，中证 800 指数代表的是大中盘股指数；中证 1000 指数和国证 2000 指数代表的是小盘股指数（见图 4-4）。

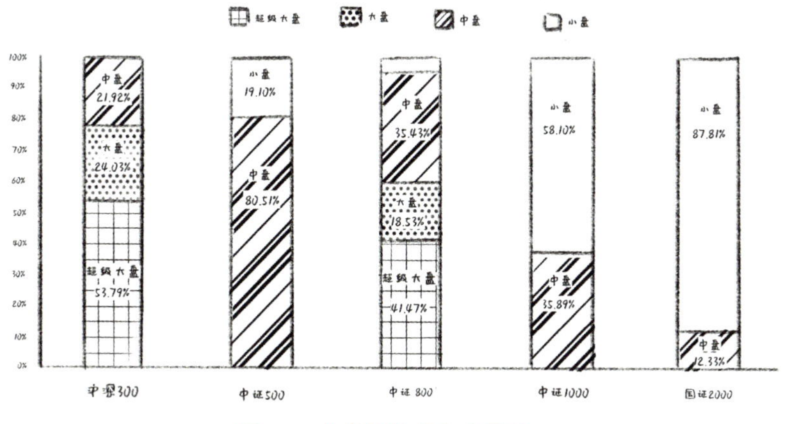

图 4-4　各类指数的大盘覆盖面

传统认为，中证 500 指数或者中证 1000 指数更能够代表小盘股风格，但实际上国证 2000 指数似乎更合适代表小盘股。

国证 2000 指数发布于 2014 年，是从全部 A 股中剔除国证 1000 指数样本股后，在剩下的股票中选取市值大、流动性好的 2000 只 A 股作为成分股，用来反映 A 股市场小盘股的价格变动趋势。尤其是随着注册制改革的加速，很多规模较小的企业有机会上市，这也使得国证 2000 指数除了具有小盘股风格之外，还能反映出注册制改革的趋势。

从行业分布来看，国证 2000 指数不仅行业分散，覆盖大部分行业，而且行业之间分布比较均匀，单一行业占比最高在 10% 左右，因此受到单一行业影响较小（见图 4-5）。

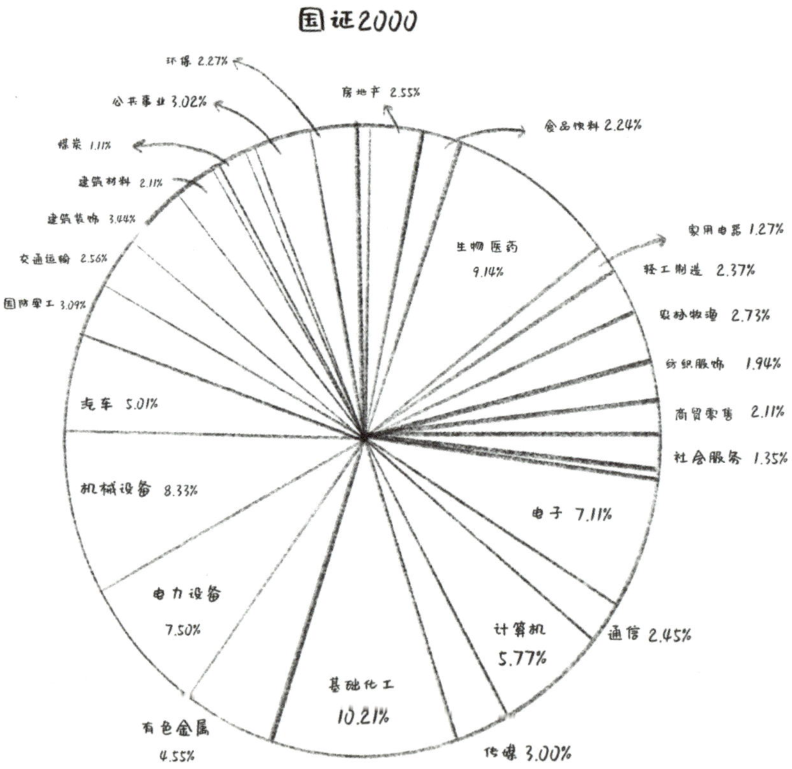

图 4-5　国证 2000 指数

而且国证 2000 指数成分股重点覆盖的是新兴成长行业或者高科技企业，比如生物医药、电子、电力设备、基础化工等，这些行业紧贴国家战略发展方向，具有较大成长空间。

从收益来看，国证 2000 指数的赚钱能力也是可圈可点（见图 4-6）。

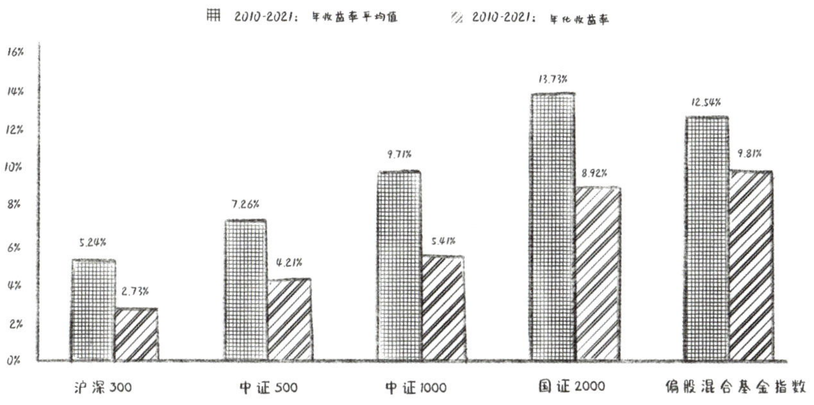

图 4-6　各主要指数 2010—2021 年收益率平均值和年化收益率

从图 4-6 我们可以看出，国证 2000 指数的平均年收益率达到 13.73%，是所有指数中最高的。

总结一下就是，国证 2000 指数作为 A 股市场上最能代表小盘股的指数，包含很多新兴产业中的企业，成长性很好，历史业绩也比较优秀。

家庭资产如何进行配置

金融学顶级学术期刊 *Journal of Financial Economics* 曾刊登一篇文章，分析了美国 2000 多名拥有至少 100 万美元可投资资产的人，看他们拥有怎样的理财理念，又是如何做投资决策的。

那么这些百万富翁都是什么样的人呢？

首先，在调查样本中的百万富翁，超过 55 岁的占比达到 85%，低于 34 岁的只有 1.1%；男性和女性的比例为 2.58∶1。除此之外，这些拥有百万美元可投资资产的人有 85% 是已婚或者有伴侣同居，很明显，赚钱还是需要夫妻齐上阵。更关键的是，这些人的财富来源主要是两个部分：一个是劳动收入（占比 45.4%），另一个是投资（占比 39.4%）。具体到投资领域，有超过三分之一的受访者更在意专业人士的意见，相对来讲，朋友、家人、熟人甚至是自媒体的投资建议被认为是最不重要的。可见，这些富人的想法大多是专业的事情交给专业的人去做。

说完了国外，我们再来看看国内的情况。汇丰银行发布的《中国高净值人群人生财富之道》指出，高净值人群财富来源渠道多样，但是依赖投资收益的人群占比最高。具体来看，有 82% 的高净值人群表示财富积累依靠投资收益，工资薪金和固定资产升值只能排在第二、第三名（见图 5-1）。

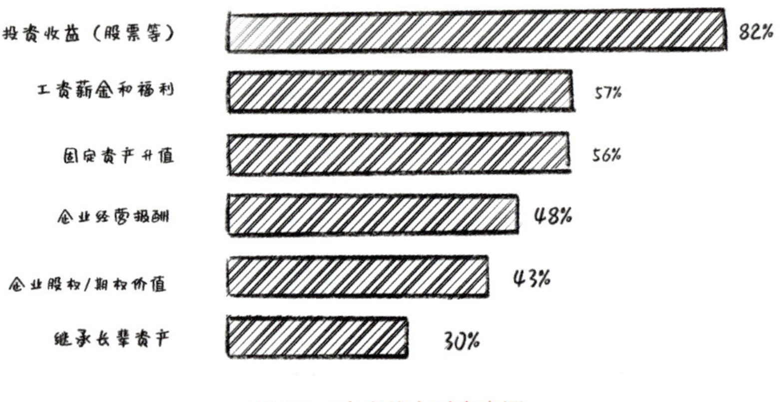

图 5-1　高净值者财富来源

一、你的投资帆船够稳固吗

（一）海浪、船身、船帆和救生圈

在投资理财的时候，如果你学会了进行资产配置，就如同让在大海中航行的帆船又稳又快地前行。因此，从资产配置的角度来看，我们的投资理财规划必须从四个方面来整体考虑（见图 5-2）。

图 5-2　投资帆船

海浪，代表的是物价上涨和经济周期，它对我们投资的影响是巨大的，而且是不可抗拒的。

船身，船身是否坚固决定了我们能够在大海中航行多久。具体到投资领域，船身就是我们经常说的“固收 +”类理财产品。“固收 +”类理财产品的收益稳定性较高，能够保证我们整体资产不会出现大幅度亏损。尤其是对于风险厌恶者来讲，不亏损或者是少亏损是投资的底线。

船帆，船帆可以帮助我们在大海上乘风破浪，利用风向可以让帆船的航行达到事半功倍的效果。船帆对应到理财领域，就是我们经常讲的权益类资产，比如混合型基金、股票型基金等，这类资产有望为我们博取高收益。

救生圈，每艘船上都会配有救生圈，救生圈可以在极端情况下保命。对应到投资理财方面，主要是保险。比如你是家庭收入的主要贡献者，你是否在五险一金的基础上为自己配置了重疾险或其他医疗险？同时救生圈也有应急备用金的含义，就是说你在投资理财之前，是否预留了足够的资金用来支付未来3～6个月的生活费。这样才能让自己在进行投资的时候没有后顾之忧。

因此，我们的生活就像海上航行的帆船，它会遇到海浪，遇到海风，我们的船身是否坚固，船帆是否能给我们带来帮助，救生圈是否足够多，都影响着我们的财产甚至生命安全。因此，在合理的配置下，我们的帆船才有望向着目标航行，顺利抵达彼岸。

（二）资产配置的两个目的

前面用帆船来形象地介绍了资产配置的重要性，那么为何要以资产配置的方式进行投资呢？实际上，大量专家通过总结多年的实践经验，发现资产配置有两个非常大的优势。

1. 资产配置可以有效降低风险

> 首先要声明的一点是，资产配置的目标不是帮助我们博取高收益，而是帮助我们尽可能地降低投资风险。

如图 5-3 所示，我们分析了单只基金和基金组合等不同方式的投资收益情况。我们可以看到，当投资单只基金的时候，基金的收益率波动非常大，收益率最高的时候可以达到 122.24%，但是最低可以达到 –45.6%。因此，如果你的心理承受能力比较强，那么可以满仓投资单只基金。但是如果你的心理承受能力不足，显然投资单个标的不但有可能会带来大量亏损，还会严重影响你的心情甚至生活。

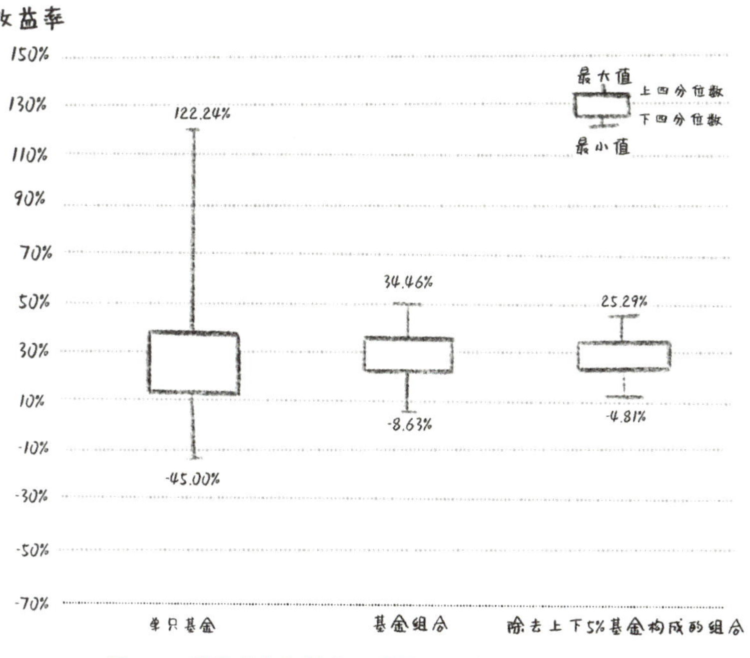

图 5-3　单只基金和基金组合等不同方式的投资收益

书签客经常说的资产配置，对于普通人来说就是基金组合。事实上，数据也证明了基金组合更适合普通人。我们再来看一下图 5-3 所示的内容，如果我们随机选择 10 只基金构成投资组合，统计数据显示，投资组合的收益波动区间明显缩小，收益率最高能够达到 34.46%，虽然没有单只基金那么高，但是最大亏损也仅为 –8.63%，显然要比 –45.6% 好不少。

再进一步，随机选取 10 只基金跟我们平常筛选基金的方式还是不太一样，毕竟我们买基金不是闭着眼睛随便选，还是会比较一番。为此，如果我们把最差和最好的 5% 的基金剔除，再来看看随机选 10 只基金的收益如何。这种方法和我们在现实中的投资理念已经很接近了。从收益上来看，这种情况下投资组合的收益率波动幅度为 –4.81% ~ 25.29%，振动的幅度明显要低于前面两者，风险也会小很多。

如果相较于惊喜，你更不喜欢可能出现的惊吓，那么用基金组合来构建资产配置体系是一个不错的选择。尽量增大正确的可能，降低错误的可能，这样就会增加我们长期投资成功的机会。

2. 降低相关性可以有效平滑波动

分散投资的理念大家都明白，但是我们还需要看清投资的底层资产是不是真的被分散了。如果投资的是同一类或者相关性非常高的资产，那么一旦市场出现波动，这些资产就会出现普遍性下跌或者同向波动，风险显然并没有被分散掉。

因此，资产配置的另一个关键原则就是，要降低资产之间的相关性，持仓相关性高的资产组合容易一荣俱荣、一损俱损。反过来讲，持仓相关性低的组合可以起到风险对冲、平滑波动的效果。

通过图 5-4，大家可以看到 2010 年至 2022 年，基金风格指数间的涨跌相似性，数字越大代表相关性越强，我们在筛选投资标的时，要尽量避免选择相关性强的资产来进行资产配置。

	大盘价值	大盘平衡	大盘成长	中盘价值	中盘平衡	中盘成长	小盘价值	小盘平衡	小盘成长
大盘价值	1.00	0.93	0.83	0.85	0.86	0.80	0.55	0.84	0.57
大盘平衡	0.93	1.00	0.97	0.90	0.97	0.94	0.61	0.93	0.70
大盘成长	0.83	0.97	1.00	0.86	0.97	0.98	0.60	0.91	0.75
中盘价值	0.85	0.90	0.86	1.00	0.90	0.87	0.62	0.89	0.64
中盘平衡	0.86	0.97	0.97	0.90	1.00	0.98	0.65	0.94	0.76
中盘成长	0.80	0.94	0.98	0.87	0.98	1.00	0.61	0.92	0.78
小盘价值	0.55	0.61	0.60	0.62	0.65	0.61	1.00	0.61	0.64
小盘平衡	0.84	0.93	0.91	0.89	0.94	0.92	0.61	1.00	0.73
小盘成长	0.57	0.70	0.75	0.64	0.76	0.78	0.64	0.73	1.00

图 5-4　2010 年至 2022 年的各类基金相关性

因此，我们在做投资理财的时候，核心问题不在于配置的资产种类够不够多，而在于配置的资产之间是否存在收益来源的差异性。

那么，我们该如何判断自己投资的基金相关性如何呢？

书签客在这里介绍一个在线查询系统，可以方便大家做判断。

大家可以百度搜索“且慢基金”，登录它的官网，注册之后，就可以找到相关的工具。

首先，需要先输入你要投资的基金，比如随机选三只基金（注意，这里只是举例，并不代表推荐该三只基金，见图 5-5）。

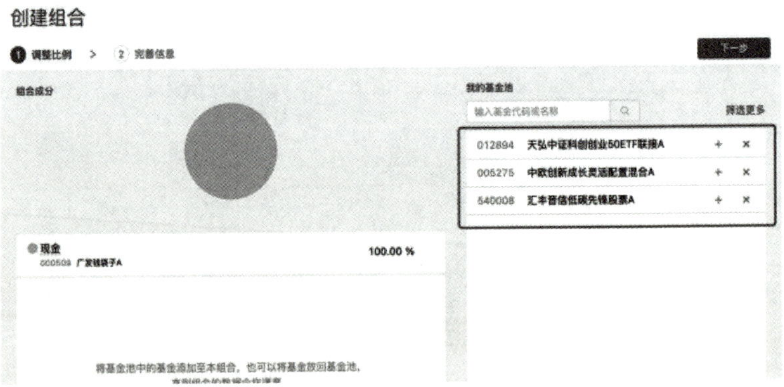

图 5-5　创建基金组合

然后，点击基金右边的“+”按钮，就可以把基金陆续加入自己的基金组合里，为了便于后续输出结果，在加入组合之后我们可以设定每只基金的占比，这里书签客把这三只基金的比例均设置为 33%，大家也可以根据自己的实际情况来设定（见图 5-6）。

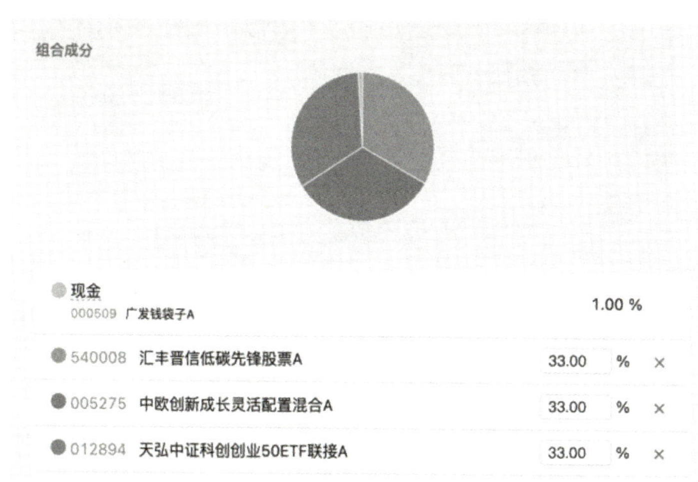

图 5-6　基金组合成分

设定好之后，在页面的最下方，我们就可以看到以上这些基金的相关性了（见图 5-7）。

相关性数值越接近 1，两只基金的相似度越高；反之，越接近 –1，相似度越低。买基金前这样查一查，我们可以避免基金组合同涨同跌，从而有效降低选择高相关性的基金组合的概率。

成分基金相关性

	1	2	3	4
1 540008 汇丰晋信低碳先锋股票A	1.00	0.77	0.72	0.01
2 005275 中欧创新成长灵活配置...	0.77	1.00	0.84	-0.00
3 012894 天弘中证科创创业50ET...	0.72	0.84	1.00	0.02
4 000509 广发钱袋子A	0.01	-0.00	0.02	1.00

正相关 负相关

图 5-7　成分基金相关性

二、经典的资产配置方法

（一）家庭金字塔资产配置策略

家庭金字塔资产配置策略，是指我们每个人的家庭资产配置，应该根据投资需求的紧迫性和资产标的稳健性进行投资（见图 5-8）。塔基也就是底层的资产应该以风险比较低并且流动性好的资产为主；塔身的资产以流动性一般、安全性较高的资产为主；塔尖的资产应该以高风险资产为主，以提升组合的整体收益。

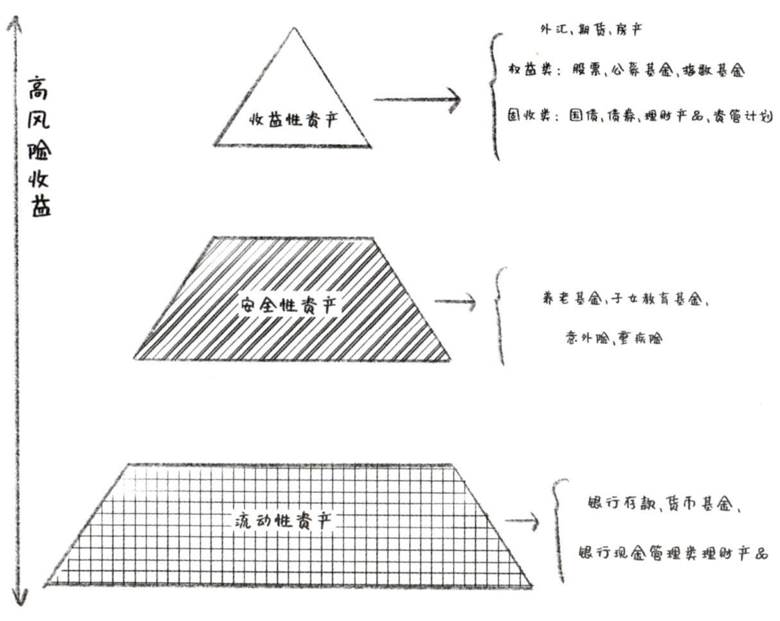

图 5-8　家庭资产配置金字塔

从图 5-8 中我们可以看到，依据家庭金字塔资产配置策略，流动性资产、安全性资产、收益性资产的占比应该从高到低，依次配置。

塔基主要配置流动性资产，流动性资产是家庭理财的基石，为日常生活提供流动性支持，在某些情况下作为家庭的应急支出，资产类型可以是货币基金、银行存款等，占家庭总资产的比例建议在 40% 左右。

塔身主要配置安全性资产，安全性资产的作用是承上启下，保障家庭资产安全以及不贬值。这部分资产主要是起到保障作用，为将来做准备。因此在资产投资类型上可以包括养老基金、子女教育基金以及重疾险和意外险等，占家庭总资产的比例建议在 30% 左右。

塔尖主要配置收益性资产，收益性资产的目标就是博取高收益，但是风险也是最大的。投资的资产类型可以是偏股型基金、股票、房产、私募基金等，占家庭总资产的比例建议控制在 20% ~ 30%。

需要说明的是，在家庭金字塔资产配置策略里，不同资产的占比可以根据我们每个人的实际情况进行调整。总的原则是风险越高的资产配置比例越低，从而保证家庭总资产的稳健性，不至于因为市场波动导致本金出现大幅损失。

（二）等权重资产配置策略

瑞士著名的投资人麦嘉华（Marc Faber）认为，最理想的资产配置策略就是等权重投资组合策略。等权重投资组合策略就是保持每种资产的投资权重完全相等。比如投资组合中有 5 种资产，那么每种资产的占比均为 1/5，也就是说保持每种资产的投资权重为 $1/N$（假设有 N 种资产）。

这种策略其实就是一种“低买高卖”的投资策略。在一段时间内，当 A 类资产上涨、B 类资产下跌的时候，我们可以卖出部分 A 类资产并买入部分 B 类资产，从而保证它们的占比相同，这就是我们经常说的“再平衡”。麦嘉华认为按照等权重资产配置策略，我们可以把资产平均投资在黄金、股票、房地产、债券及现金上面（见图 5-9）。

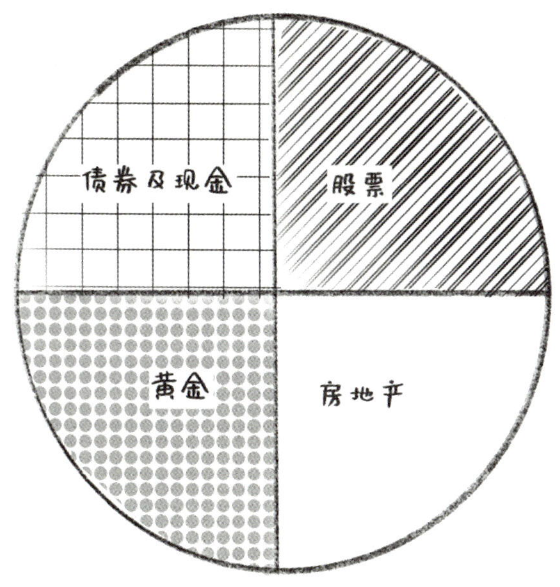

图 5-9　四类资产的配置

以上四类资产的配置相关性很低，较少出现普涨普跌。不过对于国内投资者来讲，以上资产等权重组合配置的可操作性很低，毕竟一套房子的价格动辄几百万元，很难实现几类资产的等权重。

但是在配置基金组合时，这个方法还是适用的。按照上文说到的基金相关性，我们可以把以上等权重组合配置中的资产换成基金（见图 5-10）。

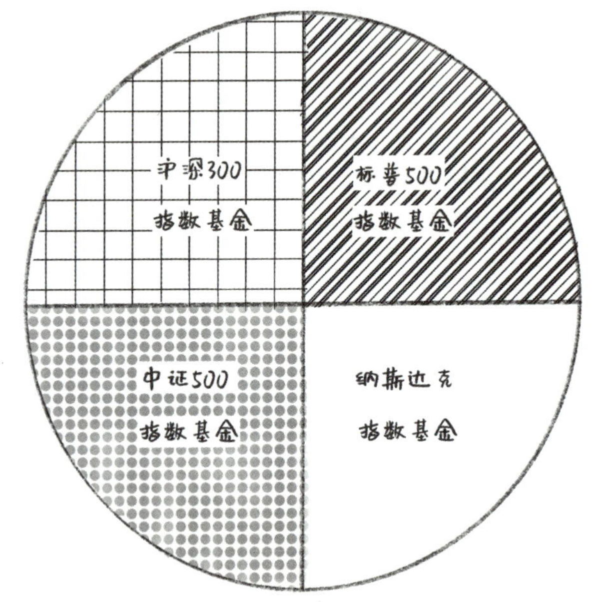

图 5-10　四种基金的配置

这四类资产对应的四种基金分别是：沪深 300 指数基金、中证 500 指数基金、标普 500 指数基金和纳斯达克指数基金。它们分别代表我国国内市场的大盘股、中小盘股以及美国市场的大盘股和中小盘股，相关性较低，同时投资以上基金的时候，门槛也不会像房地产那样高，更适合普通投资者。

四种基金按照等权重的形式投入，一年之后，它们会分别有涨有跌，比例将不再是 1 : 1 : 1 : 1。这个时候，我们可以对涨得比较多的基金卖出一部分，跌得多的基金买入一部分，最终让四种基金的占比再次回归到 1 : 1 : 1 : 1，从而保证等权重的组合配置。这个过程也就是低买高卖的过程。

当然，以上四种基金只是举例说明，大家也可以按照自己的投资组合进行匹配，资产种类不用拘泥于四种，也可以是三种、五种等。

三、值得借鉴的资产配置策略

资产配置不只有前面介绍的这几个经典模型，模型毕竟是简化版本，很多现实情况没有被考虑进去。那么有没有更加贴近我们普通人生活的资产配置方式可以学习参考呢？这一节，书签客将介绍一些知名投资人和大型专业机构在投资方面做得非常专业的配置方案，下面我们选取几个比较典型的资产配置案例，和大家一起分析一下。

（一）桥水基金

瑞・达利欧是全球最大对冲基金桥水基金的创始人。在截至 2018 年的 20 多年里，桥水基金创造了超过 20% 的年平均投资收益率，基金规模超过 1500 亿美元，累计盈利 450 亿美元。瑞・达利欧曾经对外界公布过一个能够适应各种经济周期的投资组合。这个组合以股票、债券和大宗商品为主，对于波动比较大的资产，配置的比例较低；对于波动较小的资产，配置的比例较高。我们来详细看一下（见表 5-1）。

表 5-1　桥水基金投资组合

序号	资产类别	细分	占比
1	股票	纳斯达克指数	10%
		标普 500 指数	20%
2	债券	（15 ~ 18 年）长期国债指数	40%
		（7 ~ 10 年）国债指数	15%
3	大宗商品	黄金	10%
		油气	5%

从表 5-1 中，我们可以看到瑞·达利欧推荐的这个组合主要有以下几个特点。

1. 股票和债券选择的都是指数基金，比如纳斯达克指数和标准普尔 500 指数。可见，在投资大师推荐给普通投资者的组合里，指数基金依然是首选。

2. 为了减少组合的波动性，资产配置中债券占比超过了一半。一方面，债券可以起到稳定器的作用，减少波动；另一方面，债券基金的收益整体要高于货币基金，能够保证投资组合有较大概率跑赢通胀。

整个投资组合在 2006—2018 年，年化收益率达到 7.11%，属于比较稳健的一类投资组合。要知道，在当下的市场行情中，7% 左右的投资收益率能够保持十几年，已经非常难得。

需要说明的是，瑞·达利欧给出的这个资产配置组合，是针对美国市场和美国相关的指数的。如果大家想按照瑞·达利欧的思路配置资产，纳斯达克指数可以对应国内的创业板指数，标普 500 指数可以对应国内的沪深 300 指数。相应的黄金和油气，我们也可以找到对应的指数基金。

（二）诺贝尔基金

每年诺贝尔奖的获奖人都是全世界关注的焦点。也许有读者会疑惑，阿尔弗雷德·诺贝尔当年留下来的资产难道多得永远也花不完吗？为何每年都能够拿出不菲的奖金来奖励各个学科中杰出的科学家？

事实上，阿尔弗雷德·诺贝尔在签署遗嘱的时候就声明，自己的大部分财产都用来设立基金，进行安全可靠的投资，每年用基金产生的收益作为诺贝尔奖的奖金。在 1900 年基金成立之初的时候，诺贝尔设立基金的遗产约为 3100 万瑞典克朗，截至 2018 年底，诺贝尔基金的总资产达到了 40.7 亿瑞典克朗。

那么，诺贝尔基金的资产配置组合是什么样子的呢？我们来看一下表 5-2。

表 5-2　诺贝尔基金资产配置组合

序号	资产类别	基准仓位	调整范围
1	股票	55%	可在 –15% ~ 10% 变化幅度范围内调整
2	债券	10%	可在 –10% ~ 45% 变化幅度范围内调整
3	房地产	10%	可在 –10% ~ 10% 变化幅度范围内调整
4	另类资产	25%	可在 –10% ~ 10% 变化幅度范围内调整

可以看出来，诺贝尔基金的资产配置组合和瑞·达利欧的略有不同。

1. 股票占比过半。即使按照调整范围下限计算，诺贝尔基金中的股票占比最低也是 46.75%。股票的占比高也为诺贝尔基金获得较高收益率奠定了基础。

2. 为了降低股票带来的波动，基金中还配置了债券、房地产和另类资产来保证整个投资组合的稳定性，做到了有效的分散投资。

3. 每一类资产的占比不是一成不变的，而是根据基金的投资目标和市场情况，进行一定范围的调整。大家可以看到，在表 5-2 的最后一列有不同资产的调整范围。

可以看出来，在稳定投资收益方面，诺贝尔基金和桥水基金的思路相对一致，那就是通过债券来作为压舱石。同时，诺贝尔基金会通过浮动调整各投资类别的资产比例，来实现应对市场的波动，这种方式是一种主动应对策略。给我们的启示就是，在投资某类资产的时候，我们可以不用纠结于投资的占比，而是设定一个大致的投资范围，这样可以方便我们进行配置比例的动态调整，最终实现整个资产的灵活配置。

（三）全国社会保障基金

如果说哪个基金是践行长期价值投资的典范，那么非全国社会保障基金莫属。

全国社会保障基金（以下简称“社保基金”）成立于2000年，由全国社会保障基金理事会负责管理运营，社保基金关系着我们退休后的养老钱是多还是少。从2001年到2021年的21年来看，除了2008年和2018年出现过负收益之外，其他19年社保基金都是正收益。而且自成立以来，社保基金的年化收益率达到了8.3%（见图5-11）。

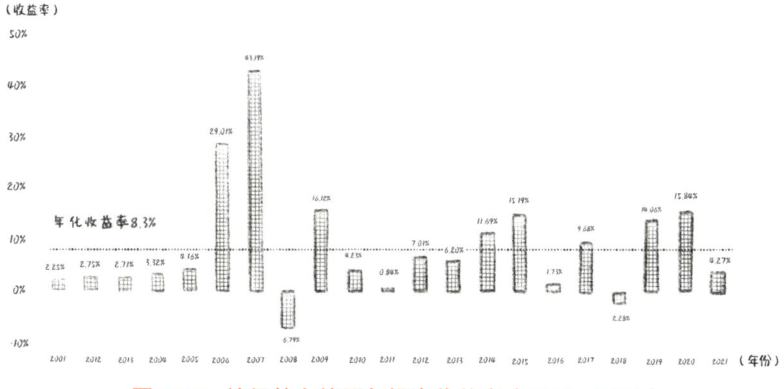

图5-11　社保基金的历年投资收益率（2001—2021）

8.3%的年化收益率在当下来看，已经是非常高的了，而且要知道，社保基金是年化收益率达到了8.3%，按照“72法则”计算，8.7年就可以翻一倍。那么社保基金是如何做到如此稳定的高收益率呢？有什么技巧和方法是值得我们学习和借鉴的呢？

事实上，社保基金并不是完全由管理机构自己打理的，而是被分为两个部分，一部分由管理机构管理，另一部分交给了16家公募基金和2家券商管理。截至2022年底，16家公募基金管理了社保基金托管份额的 80%，而且还实现了前面提到的 8% 以上的年化收益率。所以你会发现，社保基金其实和我们普通投资者一样，会把专业的事情交给专业的人来处理。

那么，社保基金主要投资哪些资产呢？

社保基金直接投资的主要是银行存款、信托贷款、股权投资基金、转持国有股和指数化股票投资等；社保基金委托投资的主要是股票、债券、证券投资基金以及境外用于风险管理的金融衍生工具等。

在实际投资过程中，社保基金还形成了包括战略资产配置计划、年度战术资产配置计划和季度资产配置执行计划在内的较为完善的资产配置体系。其中战略资产配置计划主要是用来确定各类资产中长期目标配置比例和比例范围；年度战术资产配置计划是在战略资产配置计划规定的各类资产比例范围内，确定各类资产年度内的配置比例；季度资产配置执行计划是通过对形势的分析和年度资产配置计划的审视，确定季度具体的执行计划，进行动态调整。

很明显，这三类资产配置计划，和我们经常说的长期、中期以及短期投资理念是非常相符的。因此社保基金的投资方法和策略与我们普通人知道的投资方法大同小异，就看我们每个人是如何执行的了。

具体到资产配置比例上，我们会发现社保基金的资产配置比例与主流的策略并没有什么大的差别（见表 5-3）。

表 5-3　社保基金资产配置

序号	资产类别	基准仓位	调整范围
1	银行存款与国债	>50%	银行存款 >10%
2	企业债和金融债	<10%	
3	股票和基金	<40%	

1. 社保基金负责管理的是社会民众的养老金，所以保值增值是关键。因此，我们看到社保基金投资的银行存款和国债占比大于 50%，如果再把企业债和金融债也考虑进去，那么整体中低风险的资产比例约为 60%。

2. 股票和偏股型基金的占比小于 40%。从整体来看，社保基金正好构建了一个股债组合，即股债比为 4∶6。社保基金的各类资产虽然每年都会动态调整，但是股债的比例没有大的变化。正是这样的资产配置比例，让社保基金在 21 年里取得了如此稳定的长期业绩。

（四）耶鲁大学基金

如果大家觉得前面介绍的资产配置组合收益还是不满意，我们再来看一个大学基金的资产配置策略，相信会对你有更多的启发。这个大学就是耶鲁大学。

耶鲁大学基金在 1985 年大卫·斯文森接手时，规模只有十几亿美元。之后，斯文森构建了长期投资组合，在他管理的 30 多年里，该基金资产规模增加到了 312 亿美元（截至 2020 年），年化收益率超过 13%。在斯文森接手之前，耶鲁大学基金是传统的资产配置模式：股票 60%+ 债券 40%（见图 5-12）。虽然这样不会太亏钱，但是也赚不到多少钱，因此整体收益率不高，年化收益率大概是 6%。

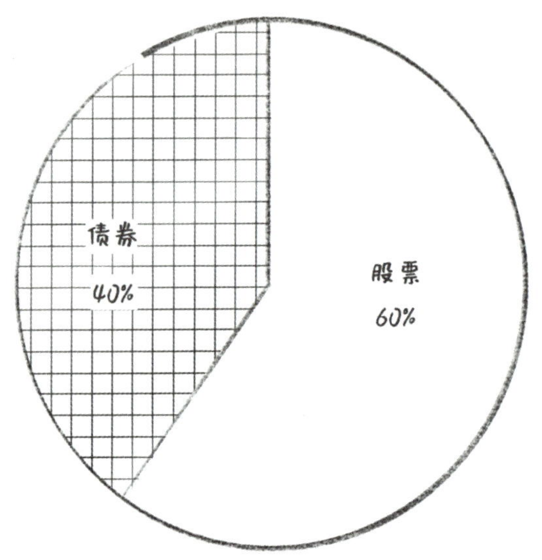

图 5-12　早期的耶鲁大学基金资产配置

但在斯文森接手之后，耶鲁大学基金的投资变得更加多元化。耶鲁大学基金的股票类资产，包括美国国内外的股票、绝对收益类产品、风险投资、杠杆收购等，加起来占比达到了 78.5%，不同类别资产的相关性比较低（见图 5-13）。

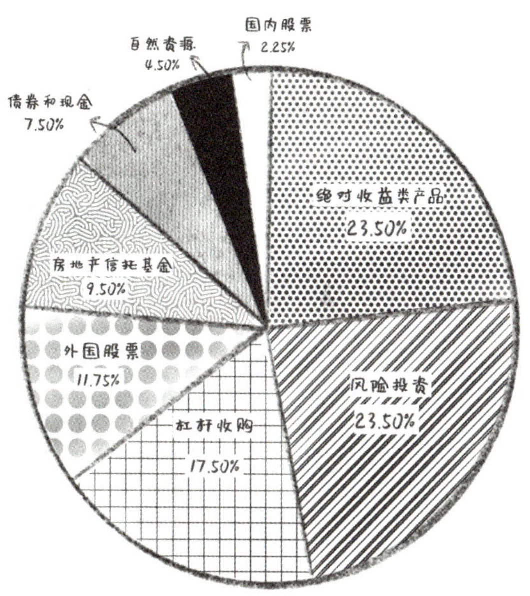

图 5-13　2020 年的耶鲁大学基金资产配置

虽然有些资产下跌，但是另一些资产会上涨，它们的波动可以相互抵消，最后使得整体组合的波动性下降。因此耶鲁大学基金的资产配置方式给我们带来了两点启示。

1. 增加收益：提高股票类资产比例。
2. 降低波动：资产配置尽可能多元化，寻找不同类别的资产，相关性越低越好，这样不同资产的涨跌可以相互抵消。

正如耶鲁大学的伊博森教授所说的："长期来看，资产配置决定了投资组合收益波动的 90%。"所以，管理好风险之后，获得满意的收益就是自然而然的事情了。

四、构建适合你的资产配置组合

（一）资产配置方案与再平衡

在前面的内容里，书签客介绍了从美国过去 200 年的历史经验来看，在各类资产的长期收益中，股票是收益最高的资产。因此我们应该围绕长期持有股票的思路来打造自己的资产配置体系。

那么股票的投资比例应该是多少才合适呢？

巴菲特的老师是本杰明·格雷厄姆，早在 80 多年前他就对长期投资给出了自己的建议，在他的著作《聪明的投资者》中，格雷厄姆这样说道。

> "不管是激进的投资者还是保守的投资者，都需要同时配置一定比例的股票和债券，并且债券的比例不能低于 25%。"

之所以会如此规定，是有一定的道理的。

在投资组合中，每一类资产的作用和目标是各不相同的。比如债权类基金更多的作用是保值而非增值，通过牺牲一定的收益来保证本金的安全。前面介绍的“固收 +”类理财产品虽然收益率不高，但是贵在稳定性强，对于风险厌恶型投资人很友好。另外，股票和债券投资的底层标的各不相同，因此很少出现同涨同跌，从投资组合的整体角度来看，可以避免收益率的过大波动。更重要的是，持有一定比例的债券可以让我们在熊市的时候心中不慌，甚至可以转化成后续买入股票的弹药。

另外一个需要关注的点在于，投资组合并非一次性设定好就可以高枕无忧了，而是需要每年对投资组合进行再平衡。前面介绍等权重资产配置的时候曾经介绍过再平衡，简单讲就是：经过一段时间的投资之后，债券和股票的比例会发生变化，需要投资人将不同类别的资产比例恢复到最开始的状态。之所以这么做，其实是为了提高收益率。比如，在投资开始的时候，债券占比 30%，股票占比 70%，一年以后，债券的收益不断提高，债券占比达到了 40%，股票占比降为 60%，这个时候可以做再平衡，一方面将债券的收益落袋为安，同时多买入一些股票，实现真正的低买高卖。

那么做再平衡的意义在哪里呢？

做投资时，很多人是不赚钱的。不赚钱的一个重要原因就是，大部分人是在股票价格高涨，也就是很贵的时候买入，在出现波动或者大跌的时候，由于恐慌的心理而卖出。这样的行为，与正常的投资方法正好相反，是典型的追涨杀跌。

虽然很多投资大师告诉我们的投资理念与追涨杀跌正好相反，比如应该在下跌的市场中以较低的价格增加股票买入，在牛市疯狂上涨过程中停止买入甚至卖出才对。但是能做到这一点的人实在太少了，书签客介绍了这么多理财的技巧和策略，发现绝大多数粉丝都难以做到。因为即使学习了这些知识，投资者也需要控制好自己的情绪，才能将这些策略执行到位。

通过“再平衡”的方法，就可以帮我们更好地做到这一点。这个看似非常简单的动作，其实就是被动卖出相对来说涨得比较多的资产，买入涨得相对少的资产。这一过程其实不用花费我们多少精力，只要会小学数学的计算就可以了，况且比例的计算还可以用计算器，我们不用去看上市公司的盈利情况、估值情况、财报数据，就可以实施再平衡策略。

因此，在投资界流传着这样一句话：再平衡是投资中唯一的免费午餐，而且是免费的豪华午餐。

有人可能会问，股票和债券的比例是固定的吗？很显然，配置比例不是一成不变的。而且格雷厄姆在他的书里说得很明确：“股票和债券的比例最好不要超过 75：25，但是也不要低于 25：75。”对于大多数普通人来讲，最开始的配置比例可以从 50：50 开始。也就是说，如果你是首次接触资产配置，那么可以把投资的钱一半投资股票，另一半投资债券，一年以后看看比例的变化，让它们两者再次平分就可以。

（二）书签客的极简投资组合

除了前文这些知名投资人和投资机构的资产配置方法之外，我们也可以按照自己的实际情况来配置投资组合。结合前面介绍的基金情况，我列举出了两个组合供大家研究参考。

1. 平衡型投资组合

相对于之前介绍的各种投资组合，平衡型投资组合以指数基金为主，涵盖5个主要的投资方向。分别包括：国内大盘股、国内小盘股、国外大盘股、国外小盘股以及固定收益类产品。平衡型投资组合里的5类基金占比均为20%。我们来详细看看这个组合（见表5-4）。

表5-4　平衡型投资组合

序号	资产类别	基准仓位	总计
1	上证50指数基金	20%	80%
2	创业板指数基金	20%	
3	标普500指数基金	20%	
4	纳斯达克100指数基金	20%	
5	债券基金	20%	20%

从表 5-4 中可以看到，平衡型投资组合投资有以下几个特点。

第一，以指数基金投资为主。关于指数基金，前面已经介绍过很多次，长期来看指数基金的表现要优于多数主动型基金。同时，指数基金的管理费用也要比主动型基金低不少，因此对于普通的个人投资者来讲，投资指数基金更划算。

第二，分散投资。前面介绍过，资产配置的核心之一就是要降低资产之间的相关性。上证 50 指数筛选的是上海证券交易所市值排名前 50 的上市公司股票，属于龙头中的龙头。创业板指数代表的是中小型创新性公司股票。因此上证 50 指数和创业板指数之间的相关性很小。也许有读者会有疑问，为何不用沪深 300 指数和中证 500 指数的组合？书签客之所以没用这两个指数，是因为从相关性上来讲，上证 50 指数和创业板指数的相关性更低，更符合资产配置的理念。

第三，聚焦国内国外市场。美国资本市场有很多国际知名的企业，比较优质，同时和我国股市的相关性比较低，投资美国资本市场其实就是把资金投入到一个不同的市场环境中，以达到“东方不亮西方亮”的效果，真正起到分散投资的作用。

第四，增加债券投资。指数基金虽然风险相对较低，但指数基金要时刻保持较高的股票仓位，而且我们对指数基金的配置总计达到了 80%。因此，为了投资组合的整体波动性保持稳定，我们在资产配置的时候还要增加债券基金，这样有助于降低投资组合的整体风险。

这样的投资组合，我们只要按月或者按周定期投入就好，不用每天费时费力地盯着基金的涨跌变化。需要注意的是，做完资产配置并没有万事大吉，还需要定期对投资组合进行再平衡。

再平衡并不是什么复杂的操作，我们先来看一个例子。

假设书签客拿出 1 万元来投资平衡型投资组合，那么每只基金投入的金额均为 2000 元，一年以后投资组合市值涨到了 1.3 万元。也就是说，每只基金的市值平均将增长到 2600 元。但是我们仔细观察当前持有的基金会发现，有的基金市值已经达到 3000 元，有的基金市值只有 1500 元。这个时候我们就需要把市值超过 2600 元的基金卖出一部分，同时对市值不足 2600 元的基金进行买入，最终让这 5 只基金再次达到平衡，即市值达到 1∶1∶1∶1∶1 的状态。这一做法就是再平衡。

也许有读者会疑惑，每年把基金再次调整为 20% 的比例，就能够实现投资组合的保值增值吗？

其实再平衡就是我们生活中经常使用的“多退少补”策略。

一方面，我们在一年以后卖出了前一年涨得好的基金；另一方面，我们加仓了前一年表现不好的基金。简单讲就是在贵的时候卖出，在便宜的时候买入。

2. 主动型投资组合

平衡型投资组合投资的基本都是指数基金，可能有读者会觉得自己能够承受更大的风险，也愿意获取更高的收益，那么我们可以结合行业主题基金，来看看主动型投资组合是否能够满足这部分读者的需求（见表 5-5）。

表 5-5　主动型投资组合

序号	资产类别	基准仓位	总计
1	上证 50 指数基金	25%	50%
2	创业板指数基金	25%	
3	行业主题基金 A	10%	30%
4	行业主题基金 B	10%	
5	行业主题基金 C	10%	
6	债券基金	20%	20%

主动投资组合的资产配置更加灵活，我们详细看一下。

第一，主动投资组合以指数基金为主，以行业主题基金和债券基金为辅，形成 5∶3∶2 的结构，在确保投资组合稳定性的基础上可以博取高收益。

第二，主动型投资组合把行业主题基金纳入进来，可以为我们的投资组合博取高收益。同时为了避免某一个行业主题基金出现较大波动影响投资组合整体收益，我们把单个行业主题基金的占比上限确定为 10%。

第三，债券基金占 20% 的比例，用来作为整个基金组合的稳定器，避免组合整体出现大的波动。指数基金占比达到 50%，可以让组合获得市场的平均收益，剩下的占比 30% 的行业主题基金可以为我们博取高收益。风险高低搭配，更加均衡稳定。

对于三个行业主题基金，大家可以根据自己的判断和理解，选择自己比较看好的垂直领域行业主题基金。需要注意的是，行业主题类基金普遍风险较大，我们在选择的时候除了关注收益之外，还要综合基金经理的能力与稳定性、机构持仓与规模等因素。同时主动型投资组合也要每年做好再平衡，从而获得更高收益。

你关心的几个问题

一、第一桶金到底多少最合适

我们经常听人讲第一桶金的重要性，比如“工作 8 年攒够第一桶金”“准备创业赚到第一桶金”等。

那么这里说的第一桶金到底是多少钱呢？我们先具象地想象一下。

假如真的有一个桶，这个桶直径是 30 厘米、高度是 50 厘米，桶的体积大约是 21195 立方厘米，而黄金的密度是 19.32 克 / 立方厘米，那么装满整个桶大约需要 41 万克黄金。目前的黄金价格约是 400 元 / 克，那么赚到真正的一桶金，大概就需要 1.64 亿元。

也就是说，普通人辛辛苦苦一辈子也难以赚到一桶金。所以，当我们说第一桶金的时候，我们需要给自己定出第一桶金的范围。

一般来讲，“每月的日常开支 ×100”可以作为第一桶金的标准，这个规模的财富积累才能支撑你有足够时间出来创业，以应对风险。

比如，你每月的日常开支是5000元，那么第一桶金的标准就是：5000×100=50万元。

日常开支的金额因人而异，但我们还是可以通过一些公开数据来看看不同城市的第一桶金水平是多少：《北京市2021年国民经济和社会发展统计报告》的数据显示，北京居民人均每月可支配金额约为6250元，那么62.5万元基本可以算是普通人第一桶金的目标值。

二、投资大师都说过哪些值得铭记的投资心得

约翰·邓普顿被美国《福布斯》杂志称为“全球投资之父”及“历史上最成功的基金经理之一”。他曾说过一句经典名言：“行情总是在绝望中诞生，在怀疑中成长，在乐观中成熟，在兴奋中死亡。”股票在市场形势严峻时最便宜，正是这样的时刻才会带来最高的潜在收益。而当投资者相信情况只会越来越好的时候，市场就进入了最危险的阶段。

彼得·林奇曾经说过：“投资的窍门不是要学会相信自己内心的感觉，而是要约束自己不理会内心的感觉。”不论是在投资还是生活中，“钝感”都不是一件坏事。它并非迟钝，强调的是一种耐力和定力；如果过于敏感，市场稍有风吹草动，就立刻改变自己的投资路线，那么你便很容易陷入盲目的狂躁情绪中。

巴菲特曾说："你不可能抓住每个机会。"实际上，要想赚钱，你只需要抓住自己能抓住的机会就行了，哪怕一个。

巴菲特还表示，最好的一项投资就是投资自己。做自己擅长做的事情、成为对社会有用的人，就不用担心钱因高通胀而贬值了。他还表示，很多人会谈论通胀，但其实他们并不了解通胀未来会如何发展，"我只能说，最好的对抗通胀的办法就是提升你自己的才能，最好的投资就是开发你自己"。

三、上证指数十几年后仍在 3000 点徘徊，正常吗

上证指数经过多年的发展，再次跌到 3000 点左右，就在书签客写这本书的 2022 年 10 月下旬，上证指数已经跌破 3000 点大关。但是从估值的角度来看，2022 年 10 月的市场估值不仅跌破了 2008 年 10 月底的 1664 点的估值水平，而且低于 2016 年 1 月底的 2638 点和 2005 年的 998 点的估值水平。这时的估值仅仅比 2019 年初的 2440 点的估值水平略高。都是 3000 点以下，之所以会有如此大的区别，是因为过去十多年国内的上市公司一直在成长，2022 年 10 月对应的估值已经低于 A 股三次知名的历史底部（见表 6-1）。

表 6-1　上证指数市盈率低点和成因

序号	年份	上证指数	市盈率	成因
1	2005 年 6 月 6 日	998 点	17.3 倍	经历 4 年熊市
2	2008 年 10 月 28 日	1664 点	13.9 倍	全球金融危机
3	2016 年 1 月 27 日	2638 点	13.1 倍	熔断
4	2019 年 1 月 4 日	2440 点	11.1 倍	贸易摩擦
5	2022 年 10 月 31 日	2893.5 点	11.82 倍	全球经济增长放缓

从最近 20 年的数据来看，上证指数在熊市的低点对应的历史最低市盈率为 11.1 倍。

追涨杀跌将使投资者永无翻身之日，投资除了比拼智力、比拼体力之外，更要比拼情绪管控能力，只有不与市场形成情绪共振，才能跳出追涨杀跌的怪圈。

在大海涨潮的时候，赶海的人几乎得不到大海的馈赠；但是在大海退潮的时候，即使在岸边信步也能捡到美丽的贝壳。所以，投资的果实属于有勇气逆行的人。

四、靠投资理财是否能实现财富自由

正如本书前文所说，单靠投资理财没有办法让你实现财富自由。

投资理财的作用只有两个，第一个是帮助你进行强制储蓄，这个是核心用途；第二个是帮助你在一定程度上提升生活品质。

所以，如果你想靠投资理财暴富，基本是不可能实现的。

尤其是在你的收入并不高的时候，与其费尽心思筛选高收益的理财产品，倒不如尽快把自己的工作干好，把工资收入提高上去，这才是正道。

如果你有一定的闲钱，那么理财的作用就是保值增值。

经常看新闻的朋友应该听说过这样的话：实现国有资产的保值增值。大到国家，小到个人，财富都是要保值增值的。

但这里面有一个顺序，那就是先保值，后增值。

千万不要把顺序弄反了。

五、投资基金还是投资股票

对于普通人来讲，投资理财时应该选择股票还是选择基金？

事实上，任何一种投资产品的选择，都既需要有作为基础的能力，又需要有一定的运气。

个体突出，有时可能取决于运气，整体突出则往往取决于实力。

随机选取单只股票或者单只基金，很难说谁比谁更值得投资，运气的成分比较多。

但是，如果我们把样本扩大就会发现，股票和基金的整体风险和收益，区别还是比较明显的。

不同股票的长期收益率主要集中在 10% ~ 20%，但是波动率则在 40% ~ 60%。

不同基金的长期收益率主要集中在 5% ~ 15%，但是波动率则在 20% ~ 30%。

很显然，基金的风险收益特征明显更优，可以让我们尽量减少运气成分的影响，降低投资的不确定性。

六、普通人到底能不能靠投资积累财富

摩根·豪泽尔（Morgan Housel）在 The Psychology of Money（目前国内还没有中文版出版，书名直译应为《金钱心理学》）这本书里讲到了两个很有意思的故事。

第一个故事的主人公是一位普通人，名叫罗纳德·里德（Ronald Read）。他的教育背景很普通，应该没有学过任何的金融相关的课程；他的工作也很普通，一开始是在加油站工作了 25 年，之后在一家商店里做了 17 年的清洁工。但是他在 2014 年去世（终年 92 岁）时，却留下了 800 万美元的遗产。2014 年全美国有超过 280 万人去世，其中遗产超过 800 万美元的，只有不到 4000 人。

让罗纳德·里德一生积累下这笔巨额财富的方式其实也很普通，

他一直生活很节俭，住的房子是自己在 30 岁时花 12000 美元买的，他把节省下来的钱都攒了起来，并不断投入到股市里，买入大盘股，然后一直长期持有。

第二个故事的主人公是理查德·福斯肯（Richard Fuscone），他毕业于哈佛商学院，拥有 MBA 学位，曾就职于美林证券，并担任高管，收入非常高，所以 40 多岁时，他就退休了。退休之后，他买了一幢 1700 平方米的大房子，这幢房子里有 11 个卫生间、2 部电梯、2 个游泳池和 7 个车库，每个月的维护费用就要 9 万美元。

福斯肯虽然在美林证券工作时攒下了大笔财富，但买这幢大房子的时候还是借了很多钱。结果在 2014 年，福斯肯因为还不起贷款，只好将房子拍卖出售，价格还不到买入价的 1/4。

通过这两个故事，作者摩根·豪泽尔发现，个人与财富的关系，与个人的教育背景、职业背景、社会资源甚至聪明程度关系都不大，而是与个人的心理、行为方式以及过去的经历有关。

因此，无论我们的工作、学历、知识水平、家庭背景有多么普通，只要我们能够控制自己的行为，按照本书所讲的攒钱、做副业开源、投资理财三步走方法，在正确的方向上一点一滴地积累，坚持不懈，过上安稳富足的生活就只是时间问题。